Roland Bunzenthal

Helden Huren Heilige

Roman

Das Tagebuch des Adam und 13 weitere historische Legenden

KLECKS VERLAG

Roland Bunzenthal

Helden Huren Heilige

Das Tagebuch des Adam
und 13 weitere historische Legenden.
Satirisch aufbereitet
vom Super Comboter Denihs.

Illustrationen: Annette Koehler

Inhalt

Vorwort

Wussten Sie schon, dass der Urvater der Menschheit, Adam, ein Tagebuch geführt hat, in dem er unter anderem den Verlust des Paradieses verarbeitet? Oder kennen Sie schon die geheimen Aufzeichnungen des Altgriechen Homer? Darin bekennt er, dass der Trojanische Krieg seiner Fantasie entsprungen ist und nie stattfand. Auch das Interview mit einem Zeitzeugen Jesus dürfte Ihnen weitgehend unbekannt sein. Sind sie doch alle der Fantasie des Autors entsprungen. Diese und andere Geschichten sollen Ihnen an Stelle der trockenen Schulstunden neue Formen der Vermittlung von historisch-literarischen Inhalten bieten.

Dabei gehen Zukunft, Gegenwart und Vergangenheit nahtlos ineinander über. Der der Science-Fiction entliehene Super-Comboter (teils Computer und teils Roboter) namens Denihs hat all die Schätze der Geschichte zusammengesetzt – aus bekanntem und erfundenem Material. So soll Geschichte und die daran angelehnte klassische Literatur wieder spannend werden. Das Buch experimentiert mit einer ganzen Reihe unterschiedlicher Formen – von der Satire, Glosse und Parodie bis zu den ›seriösen‹ Formen Interview, Nachricht und Analyse.

Schwierig dürfte die Aufgabe des Buchhandels werden, dieses Buch in das richtige Regal zu stellen. Es ist kein Roman, es ist kein Sachbuch, es ist keine Satire, es ist kein Jugendbuch – aber es ist doch von alldem jeweils ein wenig.

Ich danke allen Lesern, die dieses Buch gekauft, geliehen oder gekindelt haben. Mögen Sie sich beim Lesen mindestens ebenso amüsieren wie ich mich beim Schreiben.

Die Rollen:

Projektleiter Dr. Frank
Schülerin Petra
Schüler Klaus
Psychostorikerin Dr. Weber
Vier weitere Schüler
Satoriker Dr. Lehmann
Skeptiker
Optimist
Zeitzeuge
Kammerdiener Leopold
und nicht zu vergessen – der Super-Comboter Denihs

Vorspiel

Petra und Klaus schlendern den hell erleuchteten Gang in dem etwas seltsam anmutenden Kuppel-Bau entlang. Begleitet werden sie von einem weißhaarigen Mann mittleren Alters. Seine Cordjacke und seine antiquarischen Jeans verleihen ihm ein jugendliches Aussehen. Jedes Mal, wenn er sich an die beiden Schüler wendet, setzt er sein gewinnendes Lächeln auf.

Projektleiter Dr. Manuel Frank geht jetzt voraus und öffnet schließlich eine Metalltür, die in einen kreisrunden, fensterlosen Raum mit einer halbkugelförmigen Kuppel als Dach und verspiegelten Wänden führt. In der Mitte des Raumes steht eine anderthalb Meter hohe Säule mit Lautsprechern und Mikrofonen auf allen Seiten. Auf der Säule klebt ein Schild ›Denihs‹. In dem Raum befindet sich bereits eine kleine Gruppe von fünf Personen, von denen vier etwa im gleichen Abiturientenalter wie sie selbst zu sein scheinen. An den Wänden stehen kleine Kabinen mit einem Sitz und einem Headset.

»Bitte nehmen Sie doch Platz, Ihre Namen stehen an den Kabinen«, erklärt Dr. Frank freundlich. »Ich darf zunächst die ausgewählten Probanden herzlich in unserem kleinen, aber experimentierfreudigen Geschichtslabor begrüßen. Ihr seid die Gesprächspartner einer Gruppe von Spezialisten. Diese recherchieren historische und literarische Fakten und werten sie dann aus. Ihre Inputs hat unser Super-Computer mit dem schönen Namen Denihs – er steht für ›Didaktisch-Elektronische Neu-Interpretation Historischer Schulstoffe‹. Seine Daten sind gesammelt, hochgerechnet, mit Wahrscheinlichkeiten gewichtet, mit fantastischen Möglichkeiten aus der Feder einiger junger Autoren ergänzt und mit noch unveröffentlichten Dokumenten verglichen. Heraus kam ein Programm, das eine realistische und zugleich verständliche Aufarbeitung von einigen prominenten Teilen der gesamten Historie liefert. Wir haben uns zu Beginn auf die bekanntesten Legenden überwiegend aus dem mittel- und westeuropäischen Raum konzentriert. Schließlich sind sie ja der Gegenstand typischer deutscher Lehrpläne. Mit unserer Vermittlungs-Methode lernen künftige Schüler die trockene Materie schneller, verständlicher und nachhaltiger. Das ist zumindest unsere Forschungs-Hypothese. Ausgangspunkt unseres Projekts mit dem Titel ›Geschichte geht uns alle an‹«, betont Dr. Frank, »ist der Eindruck vieler Pädagogen, dass Geschichte und klassische Literatur auf kein sonderliches Interesse bei jungen Leuten stoßen. Dabei spielen doch in der heutigen Politik mit ihren zahlreichen Konflikten deren historische Wurzeln eine wichtige Rolle. Aber um junge Menschen überhaupt zu erreichen, sind neue Medien und Kommunikationsformen nötig. So gerät manche der folgenden Geschichten und geschichtlichen Begriffe zu einer eher satirischen Betrachtung. Habt ihr noch Fragen?«

Die sechs Schüler haben keine Fragen, zu stark brennt

die Neugier auf das, was auf sie zukommt. Kurz zum Ablauf erklärt Dr. Frank: »Wir werden insgesamt 14 szenische Stationen auf unserer Zeitreise anlaufen. Ihr könnt zu jeder Zeit eure Bemerkungen, Fragen oder Statements in die Runde werfen. Wir kurven durch die Jahrhunderte und machen Halt, wo immer interessante Gespräche und Dokumente zur Verfügung stehen. Das können sowohl echte Events der Geschichte als auch literarische Verarbeitungen sein. Letztere haben den Vorteil, dass bereits einiges an Fantasie in ihnen steckt und deshalb auf dieser Ebene auch wieder verändert werden können. Unser KI-Computer Denihs wird die Erzählungen und bis zu einem gewissen Grad auch die Interpretationen übernehmen.«

»KI?«

»Künstliche Intelligenz.«

»In welche Richtung soll die Literatur verändert werden?«, ruft Petra dazwischen.

»Wir wollen ja«, antwortet Dr. Frank, »Alternativen aufzeigen. Zunächst geht es um die beiden Behauptungen ›Gewalt dient stets als Machtmittel!‹ sowie ›Männer diskriminieren stets Frauen!‹. Wir suchen alternative Ansätze, die diese Aussagen relativieren.«

»Und was geschieht mit unseren Beiträgen, Protokollen oder was immer wir an Auswertung am Ende abliefern sollen?«, will Petra wissen.

»Am Ende unserer Zeitreise fällt ihr euer Urteil und wählt die besten Geschichten aus. Wir werden die Beiträge als Buch und Rundfunk-Hörspiel herausbringen.«

Anschließend ergreift Dr. Weber das Mikrofon, eine

resolute Frau, Ende 30, blond mit einer runden Intellektuellen-Brille auf der Nase. »Frauen sind das stark vernachlässigte Element in der Geschichte. Die von Männern gesteuerte Religion hat noch stets dafür gesorgt, dass Frauen sich immer wieder klaglos in ihr Schicksal fügten.«

Dr. Frank lächelt und wendet sich dann seiner Kollegin zu. »Wir werden dieses Thema noch an praktischen Beispielen durchexerzieren. Jetzt darf ich euch Frau Dr. Weber vorstellen. Sie ist Psychostorikerin und springt immer dann ein, wenn die Geschichte emotionale oder psychotische Abweichungen von der reinen Logik enthält. Auf dem Gebiet ist nämlich unser streng logisch arbeitender Denihs etwas überfordert.«

Dr. Weber ergreift erneut das Wort: »Ich fang denn mal an, wenn Dr. Frank einverstanden ist: Kriege und Gewaltakte sind ein blutroter Faden durch die Geschichte. Wir möchten allerdings der Frage nachgehen, ob es in einer bestimmten historischen Konfliktsituation mögliche Gewalt vermeidende Handlungs-Alternativen gegeben hätte. Das klassische Drama sucht nach keinem Ausweg, sondern steuert direkt auf den gewalttätigen dramatischen Höhepunkt zu: Othello ermordet Desdemona, Romeo und Julia begehen Selbstmord, die Griechen zerstören Troja.«

»Die folgenden Geschichten aus der Geschichte machen dasselbe wie die bekannten Geschichtsschreiber und Literaten der Klassik«, erklärt Dr. Frank. »Sie vermischen Wahrheit und Fantasie. Bei uns werden dagegen in einem etwas variierten Handlungsverlauf aus den fantasievollen Tragödien fantastische Storys mit Happy End. Die klassische Tragödie im neuen Format dient nicht etwa zur Befriedigung märchenhafter Harmoniebedürfnisse, sondern verdeutlicht, dass es auch friedliche Lösungen geben kann.«

Frau Dr. Weber spricht nun von der »Voraussetzung für dieses Konzept, dass sich unsere Tragödien-Poeten von ihrem männlichen Helden-Rollenspiel verabschieden. Aber vielleicht werden im Theater des Lebens die Rollen erst dann neu verteilt, wenn Frauen wirklich etwas mehr zu sagen haben und die Wahrheit nicht weiter verschleiert wird.«

»Aber was ist Wahrheit?«, fragt Klaus.

»›Wahr ist eine Geschichte‹, schreibt Erich Kästner in seinem Stück *Pünktchen und Anton*, ›immer dann, wenn sie genauso, wie sie berichtet wurde, wirklich hätte passieren können‹.«

»Geschichte erlebbar machen«, ergänzt Dr. Frank, »ist unser Konzept. Zwischen zwei szenischen Stationen gibt es jeweils ein nicht ganz ernstes Intermezzo, das bestimmte Begriffe und Bezeichnungen in ziemlich lockerer Art und Weise erläutert. Derweil habt ihr die Möglichkeit, das kurz zuvor Erfahrene und Erlebte aufzugreifen. Ich denke, wir werden noch manchen Spaß zusammen haben.« Die »ausgewählten Lese-Helden«, wie Dr. Frank die jungen Leute bezeichnet, hatten an ihrer Schule einen Aufsatz-Wettbewerb mit geschichtlichen Themen gewonnen. Daraufhin erhielten sie die Einladung zu der wissenschaftlichen Zeitreise mit der Absicht, Geschichte und Literatur benutzerfreundlicher zu machen.

»Wir beginnen unsere Zeitreise am besten in der Gegenwart«, so Dr. Frank. »Es geht dabei um die Probleme von Augenzeugen, die vor Gericht über ein und dasselbe Ereignis berichten. Man könnte oft meinen, sie hätten ganz unterschiedliche Dinge beobachtet. Das soll die absolute Glaubwürdigkeit unserer Überlieferungen relativieren. Aber nun Spot an!«

Mit diesen Worten Dr. Franks trübt sich das Licht im Raum ein und die Dachkuppel öffnet sich. Eine Projektion gleitet herab an den Wänden – die Teilnehmer beschleicht das Gefühl, dreidimensional mitten im Geschehen zu stehen. Zusammen mit den vier anderen Schülern sind sie Probanden einer Studie.

»Guten Tag, liebe Teilnehmer«, erklingt es aus den Tiefen des Comboters. »Ich bin Denihs und ich möchte zunächst Dr. Frank korrigieren: Zwar arbeite ich tatsächlich streng logisch, aber da menschliches Verhalten selten den Gesetzen der Logik folgt, verfüge ich zusätzlich über einen Algorithmus ›Irrationales Verhalten‹. Das überfordert mein Programm also keineswegs. Beginnen wir nun aber mit der Frage: Was ist objektiv in der Geschichtsschreibung?«

Dr. Frank und Frau Dr. Weber sitzen mit den Schülern in einem Kreis entlang der Wände.

»Auch die Berichterstatter der Medien, zur Objektivität verpflichtet, beschreiben die Realität aus ihrem Blickwinkel. Wobei Interpretationen manchmal helfen können, sich in der komplizierten Welt besser zurecht zu finden.«

Thema mit Variationen

»Ein Beispiel soll dies verdeutlichen. Die Ereignisse am Hofe des tyrannischen Königs Dionysos von Sizilien – beschrieben in Schillers Ballade ›Die Bürgschaft‹ haben wir in die heutige Zeit verlegt. Wie würden einzelne Zeitzeugen und Medien über das Ereignis berichten? Würden nicht Poeten aus Ost und West den versuchten Mord auf ihre Weise beurteilen?«

Mit einem leicht blechernen Unterton zitiert Denihs: »Hier zunächst das Original:

Zu Dionysos dem Tyrannen schlich
Damon, den Dolch im Gewande
Ihn schlugen die Häscher in Bande ...

und so weiter. Hier einige zeitgenössische Kommentare und Interpretationen: Richter beim Oberlandesgericht: ›Nach den vom Angeklagten im Polizeiprotokoll gemachten Ausführungen hatte dieser eine Tötungsabsicht gegen den amtierenden Alleinherrscher von Syrakus durch Gebrauch einer feststehenden Stichwaffe. Dies ist ein Verstoß gegen Paragraph 212, Absatz zwei des StGB, wobei der Angeklagte sich auf mildernde Umstände beruft.‹

Anders sieht es die Bild-Zeitung: ›War Tyrannenkiller

Mitglied einer Teufelssekte?‹, lautet der Titel in Großbuchstaben. Schon der Name ›Damon‹ zeige, welch Geistes Kind der Killer war. Seine Eltern sollen ihn als Kind bereits erstmals mit einer Teufelssekte in Kontakt gebracht haben. Satan persönlich soll ihm aufgetragen haben, so habe er beim Verhör gestanden, ihm ein Menschenopfer zu bringen. Soweit Bild.

Zwei Jugendliche unterhalten sich: ›Ej, Mann das war 'ne echt supergeile Schau. Der Typ mit dem echt scharfen Zahnstocher wollte doch tatsächlich den Oberbonzen umnieten. Echt irre, hätt' er ihn doch besser mit 'ner Ballerbüchse kille gemacht. Hatte aber wohl 'n Rad ab.‹

Ein Rap-Sänger formuliert es hingegen so: ›Er schlich und schlich, Mann, wie der schlich, mit einem Messer, mit einem Dolch, der Strolch. Er schlich und schlich, oh Mann, wie er schlich zum Tyrannen, dem Bösen. Es rannten die Leute vom Tyrannen, die Tyrannen. Leute rannten und schlugen ihn in Bande, die Bande schlug ihn, ja die Bande, Yeah.‹

Ganz anders die seriöse Tagesschau der ARD: ›Um 14.30 Uhr wurde im Palast des Tyrannen Dionys zu Syrakus ein Attentatsversuch verhindert. Unser Nahost-Korrespondent Peter Überall war am Ort des Geschehens. Peter Überall, gibt es Spuren des Vorfalls? P.Ü.: Nein, alles ist ruhig, die Fenster sind dicht geschlossen. Gerüchte sprechen davon, dass es sich um keinen Einzeltäter handelt. Das Regierungskommunique spricht von einer verhinderten Revolte. Danke, Peter Überall.‹

Einen speziellen Aspekt greift die Lokalzeitung *Der*

Ruhr-Bote auf: ›Das Messer war aus Solingen. Mit einem Messer der Marke ›Solingen rostfrei‹ soll ein angeblicher Tyrannenmörder bewaffnet gewesen sein. Die Waffe soll er in einem Solinger Haushaltswarengeschäft auf der Durchreise erworben haben. Der Ladeninhaber dazu: ›Der Kerl kam mir gleich so verdächtig vor.‹‹

Eine etwas andere Sprache herrscht dagegen im Parlament. Ein Redner wird durch die Kunst-Stimme etwas theatralischer widergegeben: ›Der moralische Sittenverfall, meine Damen und Herren, und ich richte mich bewusst an die Adresse der Kollegen von der Opposition, ich weiß wohl, dass Sie das nicht gerne hören, aber wer hat denn in seiner Regierungszeit das Strafrecht aufgeweicht? Sie brauchen gar nicht so den Kopf zu schütteln, Herr Kollege, der moralisch-sittliche Verfall, der diese schändliche Tat – und ich wiederhole, eine Tat, die ihre geistigen Wegbereiter in den liberalen Strafrechtsreformen hat, Sie können ruhig protestieren, die Bürger und Bürgerinnen draußen im Lande wissen es besser – erst möglich machte …‹«

Denihs legt eine kurze Pause ein. »Man sieht, ein historisches Ereignis kann auf vielerlei Art und Weise wiedergegeben werden«, erläutert er mit leicht professoralem Unterton. »So waren jahrhundertelang die Pfarrer die einzigen Chronisten auf dem Land. Sie sahen die Vorfälle meist mit den Augen eines Moralapostels. Aber auch die Dichter haben dazu beigetragen, dass der Nachwelt häufig eine einseitige Sicht der Dinge überliefert wird. Die Balladen von Schiller bis Goethe haben stets etwas Dramatisches, und was könnte dramatischer sein als Kampf und Krieg?«

»Doch es geht auch anders – man muss nur etwas die Fantasie spielen lassen«, meint Dr. Weber, indem sie Denihs unterbricht, ohne dass dieser reagiert.

»Liebe statt Gewalt, nicht wahr?«, bemerkte eine Schülerin, die sich als Maggy vorstellte.

»Richtig«, ergänzte die Psychostorikerin, »eine alte Forderung aller Religionen. Sie wird von den kirchlichen Moralisten selbst oft am wenigsten beherzigt. Die Alternative wird häufig übersehen: es ist der Raum zwischen kollektiven Spielregeln und individuellen Entscheidungen. Hier zeigen wir den ganzen Vorgang.«

Skeptiker und Optimist

Der Projektor der Kuppel, die an ein Planetarium erinnert, verstrahlt sein Licht, das langsam über den Kuppelrand die senkrechten Wände herab fließt und die Probanden einhüllt. Es zeigt zwei Männer, die sich während des Kaffeetrinkens unterhalten. »Unser Kaffee ist ebenfalls fertig«, sagt Dr. Weber. Zugleich erfüllt der Geruch nach frischem Kaffee die Raumluft. »Bedient euch.«

»Wir starten jetzt die Zeitreise mit einem kleinen Dialog«, erklärt Dr. Frank, »der die Spannbreite möglicher Interpretationen abhängig vom Temperament und der jeweiligen Interessenlage verdeutlicht. Es treten auf: Der Skeptiker, der Optimist.«

Denihs verwendet zwei verschiedene Stimmlagen, um die beiden Dialogiker darzustellen.

Skeptiker: »Geschichte – das sind doch nur Krieg spielende Regenten, historische Zahlen und blutige Schlachten – drei, drei, drei, bei Issos Keilerei. Wer hätte das nicht in der Schule gelernt und sich später gefragt, wer denn nun gegen wen ...? Größenwahnsinnige Tyrannen exerzieren Gewalt in allen Arten. Egoismus wird zur Religion und Religion zur Glanzfassade des Egoismus.«

Optimist: »So kann man Geschichte auch sehen, und

teilweise sogar mit Recht. Doch der Werdegang des Menschen bis zu seinem ›Vergehen‹, dem Tag, an dem der homo – Nachname wie auch immer – Vergangenheit ist, lässt sich am besten vergleichen mit einem Theater. Dort werden immer wieder altbekannte, aber auch neue und ganz unterschiedliche Stücke gespielt, Tragödien ebenso wie Lustspiele. Alle Beteiligten spielen ihre Rolle – nicht nur die Schauspieler, sondern auch die Zuschauer und die Bühnenarbeiter hinter den Kulissen ebenso wie der Regisseur.«

Skeptiker: »Offen bleibt bislang nur, ob über allem noch ein allmächtiger Theater-Intendant schwebt, der alle Fäden zieht und die Menschen zu seinen netten Marionetten macht.«

Optimist: »Diese Frage beherrscht in der Tat die Geschichte. Wer gestaltet nun die Stücke und Szenen und wer verteilt die Rollen – ein höheres Wesen oder schlicht das menschliche Wesen. Es sind jedenfalls überall und immer die handelnden, die aktiven und kreativen, gemeinschaftlich denkenden, manchmal auch autoritären Menschen, die Geschichte schreiben oder treiben. Ihr Handeln hängt ab von psychischen und gesellschaftlichen Einflüssen, ist aber niemals nur eine Einbahnstraße. Wie du in den Wald der Geschichte hineinrufst, so schallt es meist nicht wieder heraus.«

Skeptiker: »Ist Ihnen schon mal aufgefallen, dass die weibliche Hälfte der Menschheit in der Geschichtsschreibung allenfalls am Rande vorkommt. Fast alle wichtigen Politiker waren Männer – stets gewaltbereit und machtgierig.«

Optimist: »Trefflich streiten lässt sich über die Frage, was dabei wichtiger ist, die ererbten Gene oder die erziehende Gesellschaft. Der letzte Begriff dient Sozialwissenschaftlern als Sammelbecken für alles, was ihnen irgendwie wichtig erscheint – zum Beispiel die Moral. Aber Frauen haben schon immer Mittel und Wege gefunden, ihre Interessen durchzusetzen. Denken Sie als Beispiel nur an die Pompadur, die Geliebte von Ludwig XIV.«

Skeptiker: »Nettes Beispiel. Der Einfluss der Pompadur reichte nur so weit wie ihr Talent zum Mädchenhandel. Aus französischen Landen frisch ins königliche Bett.«

Optimist: »Klar, die Rollen waren von jeher schief verteilt. Das ist auch heute noch so. Aber umso mehr gilt es, die Frauen zu bewundern, denen es gelungen ist, sich diesem Schema zu entziehen.«

Skeptiker: »Um selbst männlicher zu werden als alle Männer zusammen. Schauen Sie zum Beispiel nur die erste englische Elisabeth an. Es fehlte nur noch, dass sie mit Herrn Drake auf Kaperfahrt gesegelt wäre. Und wie viele regierende Königinnen gab es schon in unserer Geschichte?«

Optimist: »Aber es ist doch ein aufsteigender Trend zu erkennen, hin zu mehr Gleichberechtigung.«

Skeptiker: »An den glaub ich erst, wenn ich schwarz auf weiß sehe, dass in den Konzernvorständen, Universitäts-Lehrstühlen, Parlamenten und Bischofskonferenzen eine relevante Zahl von Frauen sitzt.«

Optimist: »Letzten Endes entscheidet der persönliche Glaube, das eigene Gewissen über den weiteren Gang der Dinge. Vom Tier unterscheiden wir uns einerseits durch Gefühle wie etwa die Liebe und andererseits auch durch unseren Geist.«

Skeptiker: »Sofern vorhanden.«

Optimist: »Aus allen Szenen formt sich das Theaterstück mit dem Titel ›Fortschritt oder Rückschritt – wohin wandern wir?‹ Die Antwort für die Zukunft wissen nur Propheten, Priester und Astronomen.«

Skeptiker: »Ja, weil mit der, irgendwann zum ›Roten Riesen‹ explodierenden Sonne auch die Erde verglüht. Die Menschheit hat bis dahin aber längst ihr Dasein an die Bakterien und andere Einzeller abgetreten. Derweil läuft sie hin in Richtung zu mehr Engstirnigkeit und Gewalt. Liebe wird zur Ware, dient allenfalls noch als Etikett für Heiratsvermittler und Pornoverkäufer. Der fromme Wunsch eines Philosophen ist berechtigt: Glücklich ist das Volk, dessen Geschichte langweilig.«

Optimist: »Eine wichtige Eigenschaft des Menschen hätte ich fast vergessen: Der Humor paart sich mit der Fantasie und der Hoffnung.«

Ende.

Petra fällt die Redewendung ein: »›Humor ist bekanntlich, wenn man trotzdem lacht.‹ Aber darf ich Sie etwas fragen, Frau Doktor Weber? Was ist ein Psychostoriker? Ich weiß, ich habe noch etliche Bildungslücken.«

Die Antwort kam blitzschnell: »Du kannst diese Berufsbezeichnung auch noch gar nicht kennen«, Dr. Weber hasste es, junge Leute zu siezen. »Wir haben sie gerade erst erfunden. Es handelt sich dabei um eine Fachrichtung für Geschichte und Psychologie. Das heißt, sie erklärt Geschichte anhand psychologischer Aspekte: Wurde Napoleon in der Schule gehänselt, weil er so klein war? War der kleine Friedrich, bekannt als der Große, etwa ein Bettnässer? Hatte beide niemand wirklich lieb? Gerieten sie deshalb auf die ›schiefe Bahn‹ und trieben in ihrem Eroberungsdrang zigtausende Menschen in den Tod?«

»Das leuchtet mir zwar alles ein«, beginnt Petra nach einer kurzen Pause, »aber wozu das Ganze?« Petra spürte einen Hauch an hoher Philosophie.

»Das Ganze dient dazu«, erwidert Dr. Frank, »mehr Jugendliche und auch Ältere auf die Spurensuche nach früheren Ereignissen und Personen zu schicken und generell das Interesse für Geschichte zu wecken.«

»Ich weiß, woher das Desinteresse meiner Mitschüler am Fach Geschichte oder Literatur stammt. In der Schule sind beide Fächer so langweilig. Nichts als Zahlen und die ständige Frage, wer wen besiegt hat. Die Lehrer können einem ja noch den letzten Funken Spaß an den Fächern nehmen. Dabei gibt's so spannende Storys, die man eigentlich nur richtig präsentieren müsste.«

»Da hast du zweifellos recht. Geschichte ist ein Quell der Erfahrung, des Wissens und des Lebens – aber man darf die Zeugenaussagen und Protokollanten der Vergangenheit nicht Wort für Wort für bare Münze nehmen.«

»Heißt das, alles ist erstunken und erlogen?«

Dr. Frank winkt energisch ab: »Nein, natürlich nicht. Aber die Geschichte hat vor allem zwei Fälscher: Das eine sind diejenigen Chronisten, die allzu sehr ihre eigenen Interessen und Anschauungen einfließen lassen, und das andere sind diejenigen, die Geschichte als zwanghafte Folge unveränderbarer Ereignisse verstehen. Wir werden das bald bei Kleopatra sehen.«

»Das bedeutet«, fährt Klaus dazwischen, »nicht alles, was berichtet wird, hat auch tatsächlich so stattgefunden.«

»Und nicht alles, was tatsächlich gelaufen ist«, ergänzt Dr. Frank, »hätte auch zwangsläufig so ablaufen müssen. Der Mensch hat eine gewisse Autonomie, die zwar irgendwann an Grenzen stößt. Die Frage ist jedoch, sind diese Grenzen langfristig veränderbar. Wir wollen jedenfalls bei unserem Spiel mit der History auch ab und zu positive Alternativen suchen.«

»Au ja, gibt's dann endlich mehr Happy Ends?« Eine weitere Schülerin namens Gaby hat sich zu Wort gemeldet: »Die Promis, also die von Dichtern erfundenen Figuren, enden meist dramatisch und traurig. Ich muss bei Goethe, Schiller oder Shakespeare manchmal direkt weinen.«

»Offenbar ein Sensibelchen«, flüstert Petra Klaus in der Nachbarkabine zu.

Dr. Frank: »Gut, dann verspreche ich dir, unser Streifzug durch die Geschichte soll amüsant bis lustig sein, aber auch ernst, wo es nötig ist. Aber sagt mal, was interessiert euch an Geschichte am meisten?«, will Dr. Weber wissen.

»Am meisten interessieren mich die Liebe und die Liebespaare im Laufe der verschiedenen Epochen und Kulturen«, meldet sich Petra. »Aber nebenbei, warum heißt es eigentlich His-story und nicht auch Her-story?«

»Weil Geschichte von Männern gemacht und von Frauen erlitten wird«, antwortet die Psychostorikerin.

Der Beginn der Menschheit (laut Bibel und Koran)

Dr. Frank unterbricht das Gespräch: »Wenn keine weiteren Fragen sind, kommen wir nun zur zweiten Station. Mal sehen, was uns Denihs hier zu bieten hat.«

»Der Start der Menschheit«, sagt die Computerstimme, »zumindest laut Bibel und Koran.«

In der Kuppel erscheint zunächst ein Bild einer kargen Steinwüste, das langsam abgelöst wird durch ein Landschaftsbild mit grünen Wiesen, weidenden Schafen, einem Bach und grünen Laubbäumen. Es riecht im Raum plötzlich nach Erde und Gras. Nach ein paar Sekunden Pause fährt Denihs fort: »Gott sah die Erde und sie war wüst und leer. Als zeitlich begrenztes Testobjekt hatte er deshalb den Menschen erschaffen. Angeblich nach seinem Ebenbild, was schon eine ziemlich kühne These ist – schließt sie doch Tiere und Wesen aus den Weiten des Andromeda-Nebels als Modell aus. Auch die feinen Unterschiede zwischen dem Homo Erectus und dem Homo Sapiens fallen dabei ebenso unter den Tisch, wie der zwischen Mann und Frau, weiß und schwarz.«

Einige der Schüler beginnen daraufhin zu lachen.

»Spätestens als Gott den ersten Menschen aus der Erde des Ackers, also aus braunem Ton, modellierte, war auch bei ihm der Ton angestellt und damit die friedliche Ruhe im Paradies vorbei. Aus dem Mann aus Ton wurde ein Mann in Not.«

Nun müssen alle sechs Probanden lachen.

»Was soll ich allein im All?«, spricht der erste der Gattung Sapiens unter Verkennung astronomisch denkbaren Lebens im All. »Wie soll ich meine Art erhalten und vermehren?«

»Du kannst wählen, Adam, welche Art von Fortpflanzung du haben willst, erklärte Gott – per Zellteilung wie die muntere Amöbe, durch Eierlegen und Brüten wie Hahn und Henne oder durch die körperliche Vereinigung zur Zellkernvermischung mit einem Weib.« Adam kreuzte auf dem Fragebogen die Nummer drei an. »Ich sorge schon für deine Partnerin«, sagte Gott und operierte Adam nachts heimlich eine Rippe ab, aus der Eva entstehen sollte. Ein Kunststück, das heutige Klon-Künstler und Ärzte gern nachmachen würden.

Spätestens bei dieser Organverpflanzung beginnt die Glaubwürdigkeit der Story zu wanken. Kein Wunder: In der babylonischen Gefangenschaft des Volkes Israel hatte der jüdische Autor der Genesis seiner Fantasie freien Lauf gelassen. Ein paar kleine Korrekturen unter heutigen Erkenntnissen sind deshalb angebracht. So kann die feministische Variante der Schöpfung auf gesicherte anatomische Erkenntnisse zurückgreifen. Auch wenn es manchem Macho nicht passt – zu Beginn seiner Entwicklung ist jeder Mensch erst mal weiblich. Erst wenn der Fötus acht Wochen alt ist, kommt das männliche Y-Chromosom ebenfalls zum Tragen. Wenn überhaupt, dann ist Adam daher aus Evas Rippe entstanden ...

Petra und ein weiteres Mädchen klatschen kurz Beifall.

Für das erste Date der beiden ist das aber uninteressant. Als Eva in voller entblätterter Blüte erschien, rührte sich bei Adam zunächst nichts. Ja, die beiden zeigten keinerlei Interesse, die Menschheit aus der Wiege zu heben. »Wie soll die Fortpflanzung funktionieren?«, fragten sie die Schlange. »Ihr braucht ein bestimmtes Gefühl«, erklärte ihnen das Reptil, das selbst eiskalt war. »Aber fragt mich nicht, welches. Meine ganze Lust besteht aus Futtern. Notfalls könnt ihr auch Frischobst vom Baum der Erkenntnis naschen – soll angeblich beim Durchblick helfen.«

Adam und Eva machten sich spornstreichs daran, die noch unreifen Äpfel vom Baum der Erkenntnis zu pflücken. Ihre Erfahrung dabei war, dass man davon unreife Erkenntnisse und zugleich Durchfall bekommen kann. Der Garten Eden hatte eben auch seine Tücken. Das Wort der Schlange zum Thema Lust hatten sie sich aber gemerkt. Adam und Eva baten deshalb Gott, ihnen dieses Gefühl der Art Lust zu schenken – am Essen und Trinken, aber auch am Fortpflanzen. »Ich will euch eine solche Lust einpflanzen, nicht nur zum Fortpflanzen«, sagte Gott, »auch als kleine Entschädigung für das verlorene Paradies. Aber geht vorsichtig damit um, Eros ist zerbrechlich.« Adam und Eva erschraken, als sie das Wort vom »verlorenen Paradies« hörten. Prompt fügte Gott hinzu: »Im Paradies könnt ihr ja nun nicht länger bleiben, denn hier herrscht völlige Lustlosigkeit – keiner muss sich mehr fortpflanzen.«

»Es hätte ja gereicht, wenn nur einer von uns beiden die Lust empfände«, wendete Adam ein, der seiner Eva gern den Ausstieg aus dem Paradies erspart hätte.

»Gleiches Recht und gleiche Lust für alle«, beschied

ihm Gott und pflanzte den später von einem gewissen Herrn Freud sogenannten Lebenstrieb gleich neben dem Todestrieb ein.

Mit dem berühmten Satz »Seid fruchtbar und mehret euch«, forderten Gott und seine späteren Biografen die Menschen geradezu zum Beischlaf auf. »Damit ihr aber euch nicht nur zum Zwecke der Fortpflanzung ›erkennet‹«, (Kirchturm-Slang für Geschlechtsverkehr), »sondern auch etwas Spaß habt, erhält die Frau einen Zyklus aus fruchtbaren und unfruchtbaren Tagen, wobei der Spaßfaktor überwiegt.« Gott warnte die beiden jedoch aus weiser Voraussicht: »Ihr werdet noch euer Kreuz haben mit dem, was künftige Generationen und insbesondere auch Scharen meiner Anhänger als ›fleischliche Begierde‹ abwerten werden.«

Gott behielt wie immer recht. Spätere Gegner und Beichtväter der ›fleischlichen Begierde‹ deuteten das – wie von Gott vorausgesagt – völlig anders und beschränkten diese Begierde auf eine vegetarische Variante, die sogenannte Woll-Lust. Sie ist das Gegenstück zu der für unzählige Gewaltakte verantwortlichen Triebunterdrückung.

Davon konnte bei Adam und Eva keine Rede mehr sein. Sie steckten nun häufig unter einer Decke und zeugten in rascher Folge ihre Söhne Kain, Abel und Seth sowie mehrere Töchter, die man schließlich brauchte, um die Menschheit zu gründen – selbst wenn das zunächst nur auf der Basis von Inzest möglich war.

Dr. Frank schaltet Denihs auf Pause. »Nun wie gefällt

euch das?«

»Man hat das Gefühl, mitten drin in der Szene zu stehen«, sagt Klaus, und Petra ergänzt: »Ich glaube, Denihs hat Humor.«

»Wir schalten nun auf Kommentierung«, erklärt Dr. Frank. »Schauen wir mal, was Denihs dazu meint.«

Die Computerstimme fährt fort: »Zwar steht die Arche-Noah-Geschichte nicht auf unserem Programm, sie verdeutlicht aber das merkwürdige Gottes-Bild der damaligen Zeit. Mit einem Federstrich vernichtet der alttestamentarische Gott die ganze Menschheit: ›Error! Drücken Sie die Escape-Taste!‹«.

»Da wollen wir doch lieber einen Gott skizzieren, der als Ratgeber in Notfällen keine Befehle erteilt, sondern eine Art Entscheidungshelfer ist. Tatsächlich entscheidet der Mensch stets selbst«, meint Dr. Weber, »mit oder ohne göttlichen Rat, der ja auch manchmal – Auge um Auge – wenig hilfreich sein kann.«

»Zum weiteren Verlauf noch eine kurze Bemerkung«, so Dr. Weber. »Hier soll zwar die Totschlag-Story Kain kontra Abel beibehalten werden – allerdings anders interpretiert. In der biblischen Genesis ist die Tat eine direkte Folge göttlicher Ungerechtigkeit, während er das eine Tieropfer, das von Abel nämlich, akzeptiert, wird das andere, das von Kain, abgelehnt. Eifersucht auf den bevorzugten Bruder ist die logische Konsequenz. Wir meinen dagegen, der Konflikt Kain gegen Abel steht für die stetige Streitgefahr zwischen nomadisierenden Viehzüchtern und sesshaften Ackerbauern, die nur durch Mechanismen der Streitschlichtung bewältigt werden kann.«

»Fahren wir fort«, drängt Dr. Frank etwas zur Eile. »Bitte, Denihs.«

Das Tagebuch des Adam

»Nach intensiven Recherchen haben wir dieses authentische Zeugnis rekonstruiert. Wir bringen Auszüge daraus«, erklärt Denihs.

»Ein Computer mit stolz geschwellter Brust, na so was«, flüstert Klaus zu Petra.

Der fährt fort:

24. Monat nach dem Exodus

Wir haben nun schon zwei Winter erlebt – und vor allem überlebt. Im Gegensatz dazu hat das immer gleiche Klima im Garten Eden zwar etwas Beruhigendes, aber auch etwas Einförmiges, ja, Ödes. Da dort nichts wuchs und nichts verging, standen immer dieselben Bäume, Büsche und Blumen herum, so als wäre die Zeit stehen geblieben. Denn nur, wenn die Zeit tatsächlich stehen bleibt, gibt es keinen Tod, aber auch kein wahres Leben davor. Denn nur, wenn es den Tod gibt, macht das Leben wirklich Sinn. Denn dieser Sinn besteht doch darin, etwas zu schaffen, etwas zu hinterlassen – und seien es nur gute Erinnerungen.

Ebenso wenig gab es im Garten Eden die Vorfreude auf etwas Neues, Unbekanntes, und die Freude etwas zu entdecken und kennenzulernen. Eva sagte neulich, sie entdecke immer neue Seiten an mir. Mag sein, dass sie sich gewandelt hat, vielleicht habe ich mich gewandelt, vielleicht aber hat sich auch nur unser Umfeld verändert und damit auch die Sicht auf die Dinge. Hier an unserem neuen Bestimmungsort ist alles in Bewegung. Jeder Tag und jede Nacht bringt etwas Neues – sei es im Traum oder in der Realität. Manchmal träume ich davon, zurückzukehren in den Garten der Sorglosigkeit. Aber dieser Traum kommt immer seltener. Die täglichen Sorgen, vor allem um unsere Kleinen, lassen keinen Platz in meiner Gefühlswelt für Trauer und keine Zeit, dem Vergangenen nachzuweinen. Jeden Morgen verscheucht der Sonnenstrahl der Wirklichkeit die Nacht der falschen Hoffnung.

65. Monat nach dem Exodus

Nachdem Eva und ich uns im Garten Eden kennengelernt hatten, tauchte die Frage auf, wie wir die Menschheit gründen sollten. Auf den Rat der Schlange hin baten wir Gott um die Lust, ohne die es auch keine Zeugung geben konnte. Gott erfüllte uns diesen Wunsch und erklärte uns, dass drei Viertel der Lust-Zeit der reinen Freude dienen sollten, die restliche Zeit aber der Fortpflanzung. Auch jetzt, nach dem Exodus, ist die Lust immer noch präsent. Es kann vorkommen, dass Eva oder ich keine Lust haben, dann versinkt der andere in Tagträume von Gefühlen, die irgendwann existierten oder vielleicht noch existieren werden.

Ich entdecke an Eva ebenfalls ständig neue Verhaltensweisen und Wünsche. Manche davon, wie ihr Wunsch, dass ich sie von hinten nehmen soll, kann sie nur den Tieren abgeschaut haben, denn sonst gibt es ja kein anderes Vorbild. Ihre Begründung für diese Veränderung: Ich sei einfach zu schwer geworden, wenn ich auf ihr liege. Sie bekomme dann keine Luft und damit auch keine Lust mehr. Merkwürdig, ich bin doch keineswegs schwerer als damals geworden.

Die harte Feldarbeit geht schon in die Knochen. Trotzdem schaffen wir es, die kleine Menschheit weiter zu vermehren. Unseren zweiten Sohn nannten wir Abel. Er ist ein besonders nettes Bürschchen, er schaut immer vergnügt drein. Dagegen ist Kain, unser Erstgeborener, stets etwas mürrisch, er weint oft. Als Kain ins Knabenalter kam, musste er auf die kleine Ziegenherde aufpassen, was ihm so gar nicht gefiel.

79. Monat

Im Garten Eden gab es keine Lust, weil es keine Gefühle gab. Es gab keine Gefühle, weil es dann auch Gewalt und Zerstörung gegeben hätte. Vielleicht wären sonst die Primaten die ersten Menschen geworden – ein fürchterlicher Gedanke. Denn was man von ihnen sieht und hört, ist, dass sie sich gegenseitig die Köpfe einschlagen – weshalb es auch immer weniger werden. Ich gebe dieser Spielart der Evolution nicht mehr viel Zeit – eine vom Aussterben bedrohte Spezies. Nur gut, dass wir die Friedfertigkeit im Garten Eden erlernt haben.

Nicht nur wir haben den Garten Eden verlassen, auch

viele Tiere. Sie üben jetzt ebenfalls Gewalt aus, indem sie andere Tiere fressen – aber das ist wohl ihr Überlebensinstinkt. Wir haben längst damit begonnen, Haustiere zu halten und diese bei Bedarf auch zu verzehren. Vor allem Ziegen und Schafe gehören dazu. Hatte nicht Gott auch gesagt,: »Macht euch die Erde untertan.« Aber die Erde wird unser Schoß, unser Quell des Lebens. Wir müssen sorgsam mit ihr umgehen, sonst verstößt sie uns ebenfalls. Einen zweiten Exodus der Menschheit wird es nicht geben – es sei denn wir finden eines Tages den Weg zu den Sternen oder zum Mond.

»Was spinnst du herum?«, unterbrach mich Eva dann, »wir haben Hunger. Ich geh mit Samantha in den Wald, nach etwas Essbarem zu suchen.«

89. Monat

Ich habe gesagt, dass es keine Gewalt im Garten Eden gab. Das ging aber einerseits zu Lasten der Fleisch fressenden Tiere, die immer mehr abmagerten. So wurden die Raubkatzen zu Grünzeug-Fressern, obwohl sie noch recht fit mit ihren scharfen Reißzähnen waren.

Am Anfang unserer Beziehung waren Eva und ich oft unterschiedlicher Meinung. Jeder hatte ja das Recht, seine Meinung zu äußern. Und schließlich kannten wir uns kaum und sollten dennoch das perfekte Ehepaar spielen. Unseren ersten Streit hatten wir noch im Garten Eden. Eva wollte unbedingt von den Früchten des Baumes der Erkenntnis etwas abbekommen. Ich hätte ja auch gern genascht, aber das war ja streng verboten.

Beinahe wären wir uns deshalb in die Haare geraten, aber die Vernunft kehrte dann doch noch rechtzeitig wieder ein, nachdem wir unser entsprechendes Pensum Frischluft verbraucht hatten. Erst viel später begriff ich, dass man alle Verbote – selbst göttliche – erst mal mit dem eigenen gesunden Menschenverstand und seiner persönlichen Werteskala infrage stellen sollte.

Mir fiel auf, als ich jetzt wieder zurückdachte, dass es doch eine Form von Gewalt gab. Die des Menschen als Ebenbild Gottes. Aber was dem einen Gott, auch Jahwe oder Allah genannt, recht ist, ist dem Menschen noch lange nicht billig. Inzwischen fragen mich meine Kinder immer öfter nach dem Warum? Zum Beispiel: »Warum versöhnen sich unsere beiden Ältesten nicht? Weshalb sind die Primaten (noch) keine Menschen? Warum dreht sich die Erde?« Meine Autorität ist weiterhin unbestritten. Aber immer häufiger erlebe ich, wie die Kinder mit dem ›Warum‹ im eigenen Interesse umgehen: Warum dürfen wir dieses nicht machen, warum müssen wir jenes lassen? Dann liegt es an mir, meine Gründe glaubhaft darzulegen oder sie mit Gewalt durchzusetzen. Die dritte Möglichkeit im Umgang mit Entscheidungen fällt mir am schwersten: Nämlich, meine Entscheidung zu revidieren, soweit sie als falsch erkannt ist. Ich glaube, dass hier meine Angst eine Rolle spielt, mit der Zeit könnte ich arbeits- und autoritätslos werden. Denn meine Kinder reifen heran und bilden sich nun ihre eigenen Meinungen über den Lauf der Dinge. Im Garten Eden hingegen war immer alles schon entschieden.

Die Arbeit auf dem Feld und das Roden neuer Flächen

fallen mir immer schwerer. Aber ich hab ja jetzt große Kinder, die die Arbeit manchmal schon allein erledigen. Aber Abel hatte zu viel anderes im Kopf. Er ging auf Entdeckungsreise und traf sich sogar mit den Primaten, mit denen er sich leidlich verständigen konnte. »Mit ihrer Fellkleidung sehen sie fast wie richtige Menschen aus«, erklärte Abel. »Aber es ist ihr Verhalten«, erwiderte Kain, »dass sie unmenschlich macht.«

Nach und nach teilten wir die Arbeit nach den Fähigkeiten der einzelnen Sippenmitglieder auf. So erforderte das Fangen von Fischen eine besondere Geschicklichkeit, wie sie meine älteste Tochter an den Tag legte. Auch beim Sammeln der Früchte des Waldes kam es darauf an, das Essbare vom Giftigen zu unterscheiden. Eine andere Tochter spezialisierte sich darauf. Sie zeigte mir auch, wie man blutende Wunden – ein relativ häufiges Ergebnis im Kampf gegen die unwirtliche Natur – mit den Blättern eines bestimmten Baumes stillen und heilen konnte. Die Natur gab uns alles, aber die Natur nahm uns auch alles. Auf die Frage, woher sie dieses Wissen habe, meinte sie, sie habe einiges von den Primaten abgeschaut. »Sollten wir diese groben Kerle unterschätzt haben?«, gab ich zu bedenken. Wir wollten doch die ersten Menschen sein. Waren wir es womöglich gar nicht?

197. Monat

Wer ist verantwortlich für uns und unser Schicksal? Wir selbst oder Gott? Seit dem Exodus habe ich erst einmal zu Gott gebetet. Wir waren in einem harten Winter vor das Schicksal gestellt, zu erfrieren oder zu verhungern. Ich bat Gott um eine Rettung. Schließlich soll ich in seinem Namen die Menschheit gründen. In der Nacht erschien mir im Traum ein Engel. »Höre, Adam«, sagte er. »Gott hat dir zwar das Leben eingehaucht, leben musst du dein Leben aber selbst. Du bist für dein eigenes Schicksal verantwortlich und niemand sonst.«

Leichter gesagt als getan. Schließlich hatte ich noch Verantwortung für Frau, Tochter und Tiere zu tragen. Natürlich war es einfacher, Gott zu bitten, alle Probleme für mich zu lösen, aber besser fahre ich, wenn ich die Sache selbst in die Hand nehme.

Das erste Kind der dritten Generation ist geboren. Aber leider – bei der Geburt starb die Mutter, meine Tochter. Ihr Mann weinte um sie – drei Tage und Nächte lang. Dann begruben wir sie und legten ihre Seele in Gottes Hand. Zum ersten Mal spürte ich den tieferen Sinn des Lebens. Neues Leben zu schaffen – und wenn man Glück hat, das Kind wachsen und gedeihen zu sehen.

Streit gab es unter den Geschwistern über die Frage, wer nun zu Hause bleiben und auf das Kind aufpassen sollte. Der Vater erklärte, er werde auf dem Feld gebraucht – schließlich sei der schwere Pflug Männersache. Ich beendete den Streit und entschied, dass in der Erntezeit eine meiner Töchter sich um das Kind kümmern sollte, nach der Ernte aber sollte der Vater diese Rolle übernehmen – denn auch er trug einen Teil der Verantwortung für das neue Leben.

400. Monat

Auch mein zweitgeborener Sohn Abel war nach einem heißen, trockenen Sommer mit seiner Schaf- und Ziegenherde gen Norden gezogen, denn im Süden waren die Flüsse ausgetrocknet und die Weiden verdorrt. »Besprich es mit deinem Bruder Kain«, riet ich ihm zum Abschied, »damit ihr euch nicht wieder in die Quere kommt.« Abel nickte. »Du hast recht, Vater, aber hier kann ich nicht bleiben, das Gras reicht gerade noch für euch und euer Vieh.« Ich umarmte ihn, als ob ich es geahnt hätte, was schon bald geschehen sollte. Bei der Aufklärung des Ereignisses war ich allein auf die Aussagen meines Sohnes Kain angewiesen, denn andere Zeugen gab es nicht. Kaum einen Monat, nachdem Abel mit seiner Sippe und seiner Herde weggezogen war, wankte eine Frauengestalt mit letzter Kraft auf unsere Hütten zu. Es war Abels Weib, zugleich meine Tochter.

»Kain hat seinen Bruder Abel erschlagen«, schrie sie, bevor sie vor Erschöpfung zu Boden sank. »Was ist passiert?«, fragten wir entsetzt, »wo ist Kain jetzt?«

»Er sitzt zu Hause und redet mit niemandem. Er trauert um seinen Bruder, hat er kurz erklärt, den er auf halbem Weg zueinander getroffen hat. Angeblich habe er in einem plötzlichen Wutanfall über dessen ständigen Provokationen Abel niedergeschlagen – ohne das wirklich zu wollen.«

»Wir brechen sofort auf«, sagte ich, »du aber bleibst hier und erholst dich.«

»Nein«, erwiderte meine Tochter, »ich komme mit.

Die kurze Schwäche geht vorüber.« Ich beauftragte Set, unseren Drittgeborenen, mich zu begleiten. Set trug die Axt und den Speer, die wir im Kampf gegen die Natur benötigen. »Nur für den Notfall«, sagte Set. Sollten sie nun auch im Streit von Bruder zu Bruder eingesetzt werden?

Wir fanden Kain wie von seiner Schwägerin beschrieben vor. Sein toter Bruder lag aufgebahrt und gesalbt mit den Pflanzen, die das Vergehen des Körpers bremsen sollten.

Wir weinten drei Tage lang um unseren Sohn, Bruder und Ehemann. Dann beerdigten wir ihn. Anschließend setzten sich alle Mitglieder des Clans zusammen und berieten, was zu tun sei. In der Nacht zuvor betete ich zum zweiten Mal zu Gott und fragte ihn um Rat, was denn nun mit Kain geschehen sollte. Und wieder erschien mir der Engel und sagte: »Höre, Adam, lebe dein Leben und schütze deine Familie! Wer jedoch den Schutz der Familie missachtet, soll das gleiche Schicksal erleiden, wie das, was er ihr angetan hat. Auge um Auge, Zahn um Zahn!«

Ich dachte nach. Wer sollte Kain töten, wenn es denn so beschlossen werden würde? Was geschah dann mit der Sippe Kains, wenn dieser sie ebenfalls nicht mehr beschützen konnte? Und was sollte mit Abels Familie geschehen, die jetzt ebenfalls ohne Schutz war? Nach einer weiteren Nacht voller bitterer Gedanken sprach ich das Urteil: »Kain, du sollst verstoßen sein aus unserem Clan. Nimm deine Familie und auch die Familie deines Bruders und wandere weiter gen Norden – bis du zu einer Gegend kommst, die fruchtbar genug ist, um Bauer und Hirte gleichermaßen zu ernähren. Damit aber du und alle anderen stets deine Missetat vor Augen haben, sollst du ewig mit dem Brandzeichen gezeichnet werden, das dein Bruder stets benutzte, um seine Herde zu markieren.«

»Amen! So soll es geschehen!«, riefen die anderen in der Runde. Auch Kain selbst stimmte zu. Er wollte noch ein Tieropfer bringen, um Gott um Vergebung zu bitten. Ich sagte ihm jedoch: »Du wirst alle deine Tiere noch auf der langen Reise benötigen, und Gott wird dich auch ohne Opfer anhören.«

Jahre später brach einer meiner Enkel auf, um Kain zu suchen und zu besuchen. Nach längerer Zeit kam er zurück und berichtete, Kain und sein Clan sowie die Nachkommen Abels hätten sich an den Ufern eines Flusses, den sie Jordan nannten, niedergelassen. Bauern und Hirten siedelten in der fruchtbaren Region friedlich Seite an Seite. Zudem tauschten sie häufig ihre Produkte untereinander aus. Sie nannten das Handel. Kain selbst sei alt und krank, doch kümmerten sich die übrigen Clanmitglieder um ihn. »Ich glaube, Kain wird schon bald gen Himmel ziehen«, endete sein Bericht.

Ende des Tagebuches.

Fast zur selben Zeit sterben Kain und sein Vater Adam, letzterer im Alter von 930 Monaten – errechnet vom Zeitpunkt des Exodus an. Einen Monat später stirbt auch Eva.

Die Gruppe schweigt, nur Maggy bemerkt: »Ich bin dafür, Biologie und Religion miteinander zu versöhnen – vielleicht war Adam ja in Wirklichkeit der erste der Affen.«

»Dann wären wir in Wirklichkeit der Planet der Affen«, erwidert Dr. Weber ganz ernsthaft. »Manchmal könnte man allerdings diesen Eindruck durchaus hegen. Aber wie gesagt, Legenden darf man nicht nach ihrem Wortlaut messen.«

»Wenn ihr das Bisherige erst verarbeiten müsst«, erklärt Dr. Frank, »soll das Folgende etwas bei diesem Bestreben helfen. Es ist – wie gesagt – nur leichte Kost.«

Denihs rattert ein wenig, was man mit einiger Fantasie als Kritik an der letzten Aussage Dr. Franks werten könnte – beginnt dann aber doch.

INTERMEZZO: WAS MACHEN DIE RITTER?

Zu den Kunstgriffen, zu denen Männer greifen, um ihr Revier abzugrenzen und um das andere Geschlecht zu buhlen, gehört auch die gezielte Anwendung von galanter Ritterlichkeit. Sie endet heutzutage meistens nach der ersten gemeinsamen Nacht. Dagegen zeichneten sich die Ritter, die Leuchtgestalten des finsteren Mittelalters, durch einen besonderen Ehrenkodex aus, der etwa eine Dosis Nächstenliebe enthielt. Das hinderte sie allerdings nicht daran, auf ihren Kreuzzügen zahlreiche Moslems zu köpfen und zu vierteilen, Kinder und Frauen inklusive. Hatte doch Papst Urban II. allen Kreuzrittern versprochen, dass ihnen als Lohn für ihren Einsatz im Heiligen Land die gesamten Sünden vergeben werden (und das entsprechende Register war meist ziemlich lang). Treue zum König und zu Gott waren die dogmatisch einfachsten Regeln, die man solange einhielt, bis man sie brach. Hilfe für die Schwachen war ein weiterer Prüfstein aus dem Ratgeber ›Wie werde ich Ritter in 13 Tagen‹.

Das galt natürlich nicht während der Schlacht, bei der die Devise vorherrschte, ›zuerst immer auf die kleinen Dicken‹. Wer dagegen einen Schwächeren beschützte, kam sicherer in den Himmel, aber auch wesentlich schneller. Doch gab es auf der Helden-Skala Extra-Punkte, wenn man Tapferkeit mit Gottesfurcht verband und im Namen des Herrn (a. weltlich, b. spirituell) beim Schlagabtausch möglichst viele Heiden auf die ewige Reise schicken konnte.

Dabei erwies sich die eiserne Rüstung meist als etwas Herausforderndes, das zwar zur Lösung bestehender Konflikte dienlich war, sich aber bei einem raschen Liebesakt, bei Flohbeißen oder Durchfall doch als recht hinderlich erwies. Wenn sich ein Ritter zu längerer Abreise aufmachte, dann brauchte er meist einen Knappen als An- und Ausziehhelfer. Die Knappen waren meist Knaben, die zu Hause knapp bei Kasse waren. Sie sind nun Azubis für den Beruf als Ritter – mit den Unterrichtsfächern ›Raubritter‹, ›Minnesänger‹ und ›Gralshüter‹.

Der Kodex der alten Rittersleut (oder genauer gesagt, der jungen) enthielt auch Vorgaben für die Minne. Dazu brauchte man nur ein Saiteninstrument, eine leidliche Stimme, etwas Fantasie, eine romantische Ader – und eine Angebetete, die den ganzen Aufwand auch wert war. Häufig kam es dabei nicht mal zum Körperkontakt – Ausnahmen bestätigen die Regel. Die Minne schien so zum platonischen Laufrad der Beziehungs-Romantiker zu werden, ohne den sündigen Ausgang zu schaffen. Mittlerweile hat man jedoch etliche überlieferte Texte der mittelalten Troubadoure gefunden, die allerdings nur so von eindeutigen erotischen Anspielungen strotzen und es in Sachen eindeutiger Zweideutigkeit durchaus mit einigen heutigen Hip-Hop-Texten aufnehmen können.

Eine allzu selbst beschränkende Haltung hätte denn auch gut und gerne zum Aussterben der Adels-Rasse führen können – sei es mangels Nachwuchs, sei es durch

Gewalttätigkeit im engeren Bekanntenkreis. Doch zum Glück gab es nicht nur den Bauern und den Andersgläubigen als Ziel von Aggressionen – hin und wieder veranstalteten die fürstlichen Vorgesetzten auch einen Eroberungsfeldzug, bei dem die Ritter ihre aufgestaute Libido abreagieren konnten. Von Ritterlichkeit konnte allerdings in den eroberten Gebieten meist keine Rede sein.

Die Ritter sind als Gattung ausgestorben. Nicht wie die Saurier durch Meteoriten-Einschlag und anschließender Klimakatastrophe, sondern schlicht durch die Erfindung des Schießpulvers und die weitere Verrohung der Kriegsführung. Die verbliebenen Ritter gründeten ein paar Orden, die als eingetragene Vereine zur Hebung des Traditionsbewusstseins bis heute gegen Windmühlen, Alkoholismus und Autounfälle ankämpfen.

Das Gegenstück zu den sagenhaften Rittern sind die Prinzessinnen. Sie sind meist in argen Nöten und müssen von mutigen Männern befreit und anschließend gefreit werden. Das Ganze entpuppt sich als Happy End – vorausgesetzt die Ehe scheitert nicht nach ein paar Monaten. Heutzutage haben die verbliebenen Vertreterinnen der Blaues-Blut-Fraktion vor allem die Aufgabe, zu repräsentieren und die bunten Blätter der Regenbogen-Presse zu füllen.

»Irgendwelche Anmerkungen«, fragt Dr. Frank in die Runde, »oder Fragen?«

»Welchen Nutzen hat der existierende Hochadel denn überhaupt?«, will Petra wissen.

»Da sie etlichen Zehntausenden von Journalisten, Fotografen, Lakaien, Höflingen und Mode-Ausstattern Arbeit geben«, antwortet Dr. Weber, »ist ihr volkswirtschaftlicher Nutzen unumstritten. Man denke nur an den Touristen-Magneten Buckingham Palast mit seinen – inzwischen in die Jahre gekommenen – Königinnen und Prinzessinnen.«

»In der nächsten Abteilung geht es um ein zentrales Problem der Menschheit«, beginnt Dr. Frank von Neuem, »der Hang, die eigenen Interessen per Gewalt und Krieg durchzusetzen. Geht es auch anders? Denihs hat vielleicht die Antwort.«

Dritte Station: Helenas Einsatz – der trojanische Krieg findet nicht statt

Denihs beginnt mit seiner Standard-Stimme, während in der Kuppel-Projektion ein Bild der griechischen Ägäis-Insel Ios auftaucht: »Die nächste Station ist die Geschichte von Paris und Helena und der Untergang Trojas. Hier liefern wir die perfekte gewaltlose Alternative. Sie spielt in der Zeit um 800 vor Christo. Es geht um eine Frau – scheinbar«, unterbricht Dr. Weber, »tatsächlich geht es aber um die ewigen Männerrollen wie Helden, Krieger und Besitzer der Frauen.«

»Lassen wir doch erst einmal Denihs zu Wort kommen«, unterbricht sie Dr. Frank etwas ärgerlich. »Er kann auf eine sensationelle Quelle zurückgreifen.«

Denihs fährt fort: »Der erste Global-Literat war ein gewisser Homer. Manch kleingläubiger Zweifler stellt zwar seine Existenz infrage, doch wir belegen mit seinem bislang geheimen Tagebuch, dass es ihn tatsächlich gab. Er spielte Kriegsberichterstatter, aber nur in der Etappe. Vielleicht fand der Trojanische Krieg ja gar nicht statt – möglicherweise alles nur eine Kopfgeburt des Herrn Homer.«

»Weshalb fallen mir nur bei diesem Gedanken jetzt ein

paar einschlägige Magazine und Boulevard-Blätter in Deutschland ein?«, flüstert Klaus seiner Nachbarin zu.

Die Menschen in der griechischen Mythologie sind pure Spielbälle im Wettkampf der Götter. Nicht umsonst hat der Göttersitz Olymp einem alle vier Jahre wiederholten neuzeitlichen Sportereignis den Namen verliehen. Zeus, der Chefgott, treibt es mit irdischen Wesen weiblichen Geschlechts. Europa beispielsweise war damals noch kein Reigen nationaler Einzelinteressen rund um die Brüsseler Spitzen, sondern eine attraktive junge Dame, die stierisch gern mit Göttern schlief – so eine Art Antik-Groopy. Die Götter waren ja auch allzu menschlich, mit all den Schwächen, die die Sterblichen ansonsten auszeichnen. Es wird mit Ungeheuern gekämpft, mit Ehegattinnen gestritten, Eitelkeiten gehuldigt und Launen nachgegeben.

Schlimm wurde es für die Menschen, wenn sich auf dem Olymp die Heilige Mannschaft in zwei Lager spaltete. Dann tanzen die Marionetten nach der Musik von oben. So war es auch zur Illias, Homers Hauptwerk. Jede Seite im folgenden Trojanischen Krieg hat laut offizieller Überlieferung ihre jeweiligen Unterstützer im Olymp. Nach dem Motto, der Schwächere gibt nach, galoppierte das Schicksal mal in die eine, mal in die andere Richtung. Anreize oder besser gesagt, eine Art Bestechung, stellen die Opfergaben dar – mal Lamm à la Provence, mal himmlischer Hammel. Am liebsten opferte man jedoch gefangene Krieger vom anderen Stamm.

So kam es, dass zwei adlige Machos über den Besitz

einer attraktiven jungen Dame eine literarisch zu Weltruhm hoch stilisierte Fehde (damals noch ohne Handschuh) begannen. Spartaner-König Menelaos sammelte ein Spitzen-Team um sich, Gegenspieler Paris vertraute lieber auf die Mauern von Troja. Doch am Ende hieß es: Marmor, Stein und Eisen bricht ... ein Gemetzel unter der Bevölkerung aus und eine zerstörte Stadt – mal sehen, ob es nicht auch anders hätte laufen können.

HOMERS GEHEIMES TAGEBUCH

Denihs spricht Homer: Es war einer jener heiß-feuchten Sommer, die zum Nichtstun einladen. Auf sandigem Untergrund vor meinem Haus auf der Insel Ios genoss ich die Abendsonne und gab nur ab und zu einem der Haussklaven eine Anweisung. Plötzlich eilte mein Lieblingssklave Pythagoras herbei, der einzige, dem ich ab und zu schon mal erlaube, das Lager mit mir zu teilen: »Oh großer Homer, ein Bote von König Menelaos nähert sich gerade. Solln wir'n rei'lasse?« Pythagoras, der ursprünglich aus dem barbarischen Germanien kam, entpuppte sich hier rasch als Rechenkünstler und Zahlenmeister. Bei seiner griechischen Aussprache neigte er jedoch dazu, öfter mal einzelne Buchstaben zu verschlucken.

»Zeus zum Gruße«, begann der Bote, der seine wundgelaufenen Füße mit edlen Lappen umwickelt hatte, auf denen die Namen ›Hermes‹ und ›Rehbock‹ eingeritzt standen. Offensichtlich sollten sie ihn genauso beflügeln wie den Götterboten oder das Waldtier.

»Was hat mir der große und mutige Spartaner mitzuteilen?«

»Er lässt dich bitten, ihn auf seiner nächsten Fahrt zu begleiten. Da du des Lesens und Schreibens mächtig seist, sollst du über seine Heldentaten und die der anderen Mithelden berichten. Auf dass spätere Generationen sich ein Vorbild nähmen.«

Ich musste nachdenken. Einerseits war es reizvoll, mit den Spitzen der hellenistischen Kultur hautnah zu reisen – zumal sich Menelaos, der sonst recht spartanisch lebte, in solchen Fällen nicht lumpen ließ – auf seinen Raubzügen hatte er ja auch genug Gold angehäuft. Andererseits war eine solche pauschale Kriegsfahrt nicht ganz ungefährlich. Aber als gelernter Chronist musste ich da ja dabei sein: »Ich brauch etwas Bedenkzeit«, sprach ich eher zu mir selber.

»Ich glaube, du hast nicht richtig verstanden«, erklärte der Bote schon etwas ungeduldig. »Menelaos bittet dich herzlich, aber es ist unmöglich, seine Bitte abzulehnen.«

Ich verstand den Hinweis – Menelaos neigte dazu, unbotmäßige Vasallen einfach auszumerzen. Ich ließ mir vom Boten noch rasch die Hintergründe des militärischen Aufgebots erläutern, und machte mich gleichzeitig reisefertig. Vor allem für genug Papyrus musste ich sorgen, womöglich wurde doch eine längere Geschichte daraus.

Im Schloss des Königs – eine einfach gestaltete, aber mächtige Burg aus dicken Steinquadern – hatten sich bereits zahlreiche Helden eingefunden, wobei mir die Frage durch den Kopf ging: Was sind eigentlich Helden für eine Spezies? Nun, man würde sehen.

Die Fahrt nach Troja hatte zu Beginn etwas Windflauten-Probleme. Aber als Admiral Agamemnon sogar seine Tochter Iphigenie den Göttern opfern wollte, sahen alle, dass er es ernst meinte. Zum Glück lehnten die Götter ein solch grausames Opfer ab und sorgten auch so für ein segelblähendes Lüftchen.

Zwischen trockenem Buschwerk erstreckt sich der steinige Weg vom ebenfalls mächtigen Hafen zu den festgemauerten Toren Trojas. In der Mitte des Weges, Ruf weit von beiden Lagern entfernt, schlugen die Kontrahenten ihre Zelte auf. Begleitet vom listenreichen Odysseus und von mir nahte sich Menelaos, verlassener Gatte der schönen Helena, gegürtet mit dem goldenen Panzer eines Königs. Vom hohen Tore, das den Wanderer zum Palast des König Priamos führt, gingen Paris und dessen Bruder Hektor den Weg hinab und verließen die schützenden Mauern Trojas, mit ängstlichen Blicken gefolgt von beider Vater Priamos.

Am runden Tisch, eilig vom Schiffe herbei getragen, trafen sich die feindlichen Geliebten der Helena. Kaum hatten sie Rüstung und Schwert auf die Seite gelegt – als Zeichen ihrer friedlichen Gesinnung –, schon beugte sich Menelaos vor und begann mit lauter Stimme zu reden: »So also dankst du meine Gastfreundschaft, Elender, die uns allen heilig ist. Die Götter werden sich an dir und deinem Blut fürchterlich rächen, Paris, und wir werden das Schwert sein, mit dem Göttervater Zeus Troja dem Erdboden gleich machen wird.«

»Dazu müsstet ihr erst die uneinnehmbaren Mauern Trojas überwinden«, erwiderte ihm Paris. Lebend bekommt ihr Helena jedenfalls nie zurück. Erhebt ihr das Schwert, so treffen wir uns wieder im Hades, um über den Fluss des Todes zu setzen.«

»Doch muss es so weit nicht kommen«, warf nun Hektor ein, »seid ihr doch von König Priamos eingeladen zum Festmahl im Prunksaal des Palastes – sofern ihr in friedlicher Absicht kommt. Aber solltet ihr der Gewalt finstere Gedanken hegen, so lasst uns den Streit in der Art von Männern ausfechten, ohne das Leben der Vasallen aufs Spiel zu setzen.«

»Ich fürchte nicht, das Schwert gegen euch zu erheben«, begann Menelaos erneut seine Rede, »doch dürsten auch andere Recken nach eurem Blut der Schande.«

Immer lauter erheben die Kontrahenten ihre Stimmen, deren Schall hinüber gen Troja fährt. Ihn hört auch Helena, Grimm steigt in ihrem Herzen empor. Die vier Kontrahenten wollten gerade zu ihren Schwertern greifen, und ich begann mich vorsorglich wegzuducken. Sollte der heilige Platz der friedlichen Diplomatie aus dem runden Verhandlungstisch Särge für die Beteiligten machen?

Doch plötzlich öffnete sich das Tor und ein Ritter in goldglänzendem Panzer und Helm, an der Seite das Kurzschwert der berittenen Helden, trat heraus. Der allen unbekannte Ritter lenkte sein Pferd direkt auf die Gruppe der feindlichen Verhandler zu.

»Wer wagt es, den von den Göttern selbst geheiligten Frieden der Verhandlung zu brechen?«, entfuhr es Menelaos.

Kaum war das Wort gesprochen, schon stieg der Fremde von seinem Pferd und öffnete den kunstvoll verzierten Helm. Es war Helena, die ihre von der Rüstung verborgenen Reize nun offenbarte.

»Was wollt Ihr, holde Schwägerin«, sprach Hektor etwas ärgerlich. Die familiäre Vertrautheit, die zugleich in diesen Worten schwebte, entfachte sogleich den Zorn des Menelaos.

»Ich habe eure Stimmen wohl vernommen«, entgegnet ihm Helena. »Doch redet ihr an der Sache vorbei.«

»Von welcher Sache sprecht Ihr, Geliebte?«, fragt Paris seine Gefährtin. Doch Helena bleibt eine Antwort schuldig. »Was soll dieses gewaltige Heer, Gatte Menelaos?«, fragt sie stattdessen. »Die Spitzen des tapferen Hellas so zahlreich versammelt wäre einer sinnvolleren Aufgabe wert.«

»Was könnte wichtiger sein, als das, was mir gehört, dem frechen Räuber zu entwinden?«, spricht Menelaos, der Herrscher des Königreichs Sparta.

»Nun gut«, beginnt Helena von Neuem. »Da es um nichts weniger als mein eigenes Glück geht, will ich die Entscheidung durch zwei einfache Fragen herbei führen. Du, Menelaos, sprich: Weshalb willst du mich unbedingt zurückhaben und schickst dazu deine ganze Flotte und so viele tapfere Männer? Wer kümmert sich derweil um eure Felder und wer beschützt eure Weiber, euer Haus und eure Hetären?«

»Du gehörst mir, die Götter haben es so gewollt«, erwidert Menelaos. »Noch nie hat jemand es gewagt, den Herrscher des mächtigen Sparta ungestraft zu betrügen oder zu bestehlen. Das werdet auch ihr nicht ändern.«

»Interessant, dass du mich auf eine Stufe mit deinen Stein-Skulpturen und Keramik-Vasen stellst«, sagt Helena etwas schnippisch. »Und jetzt du, Paris: Weshalb willst du mich nicht mit meinem angetrauten Gatten gen Sparta in meine Heimat zurückkehren lassen?«

»Die Antwort ist einfach«, erklärt Paris: »Weil du nicht

nur schön bist, wie ohnehin alle wissen, sondern auch noch recht klug, wie ich jetzt erneut feststellen kann. Und natürlich auch, weil ich dich gerade deswegen immer mehr liebe.«

»Welche Frau würde sich da nicht eindeutig für die Liebe entscheiden?«, beginnt Helena mit ihrer Urteilsverkündung.

»Unsinn! Liebe ... Sentimentaler Quatsch«, fällt ihr Menelaos ins Wort, »was zählt, ist, was ich in meinen Händen halten kann.«

»Du wirst mich nie wieder in deinen Händen halten«, spricht Helena und ihre Augen funkeln vor Empörung, »vorher stürze ich mich in dieses Schwert, das ich mitgebracht habe.«

Auf Menelaos Miene fällt ein dunkler Schatten. »Ist das dein letztes Wort, Helena? Du weißt, ich besitze große Macht und mein Fluch könnte dir dein Leben in Troja zur Hölle machen.«

»Das will ich riskieren, solange wie Freunde mir zur Seite stehen«, erklärt die Tochter der Aphrodite. »Aber höre, Menelaos, du kannst uns zwar belagern und versuchen uns auszuhungern, aber wohlweislich haben wir seit Monaten die Gestade unseres Landes durchforstet und alles Essbare eingesammelt. So haben wir genügend Vorräte, während ihr euer hungriges Heer mit leeren Versprechungen satt machen müsst.«

Als Helena bei diesen Worten ihr abgrundtiefes Lächeln auf ihr Gesicht zauberte, hielt Menelaos nichts mehr zurück. Er sprang auf und wollte Helena mit seinem Schwert erschlagen. Doch Hektor hatte die Reaktion kommen sehen und zückte sein Schwert, um Helena zu beschützen. So stark trafen die scharfen Eisen aufeinander, dass die Funken stieben.

Daraufhin traten Menelaos und Odysseus den Rückzug in ihr Lager an. Sogleich rief Menelaos den Rat der Könige unter dem Vorsitz von Mykenäs Herrscher Agamemnon ein. Dieser war inzwischen nicht mehr vollkommen überzeugt vom höheren Zwecke ihrer immer länger dauernden Reise: »Es geht dir, lieber Bruder, offenbar mehr um den sagenhaften Schatz des Priamos als um dein geraubtes Weib.«

»Wie kannst du es wagen, edler Bruder, meinem Sinnen und Trachten aus dem Leid des verlassenen Gatten solch finstere Motive zu unterstellen?«

»Leid oder Neid«, begann Odysseus den Bruderstreit zu schlichten, »jetzt müssen wir die Sache auch zu Ende bringen. Wir hatten mit unseren Freunden jedoch große Kosten, um Heer und Flotte aufzustellen. Wir sollten den Trojanern ein Angebot machen«, fuhr der Listenreiche fort, »der halbe Schatz im Tausch gegen Helena und den Verzicht, Troja seiner gerechten Strafe und Zerstörung entgegen zu führen.«

Die anderen Griechen klopften als Zeichen ihrer Zustimmung auf ihre bronzenen Schilder. »Mein Palast ist nicht ganz sauber«, fiel ihm der große Ajax ins Wort, »ich muss ihn rasch von menschlichem Ungeziefer säubern, das mir die Gattin abspenstig machen will.«

Und so geschah es. Die Unterhändler der Griechen und Trojaner feilschten um jedes Goldstück und jede Vase. Aber am Schluss war man sich einig und die Griechen fuhren reich beladen, aber ohne Helena zurück. Auf der Rückfahrt nahm mich Menelaos beiseite und sprach: »Höre, Homer, du großer Dichter, was ist wichtiger, als der Nachwelt die Wahrheit mitzuteilen. Doch es gibt zwei Wahrheiten; die des Chronisten und die des Dichters. Ich fordere dich auf, im Kleide des Dichters unsere verhinderten Heldentaten zu beschreiben.«

»Ich versteh nicht ganz«, erwiderte ich. »Soll ich über einen anderen Verlauf berichten als er tatsächlich war.«

»In ein paar Jahrhunderten wird niemand mehr danach fragen, was Dichtung und was sogenannte Chronistenpflicht einmal waren. Und du wirst eben der Dichtung ein Denkmal setzen und nicht dem trockenen Chronistentum, das fantasielos nur widergibt, was andere ihm erzählen.«

»Aber ich hab doch mit eigenen Augen gesehen ...«, wagte ich nur noch schwach zu erwidern.

»Vergiss es, du schreibst von unseren zehnjährigen Heldentaten. Das sind wir unseren heldenhaften Begleitern schuldig. Wir werden dich mit mancher Anekdote für dein Werk und manchem Goldstück für deine Mühe erfreuen.«

»Schön wär's, wenn alle Kriege sich so leicht aus der Welt schaffen ließen.« Klaus hatte diesmal die Diskussionsrunde eröffnet. »Damals ging es wenigstens noch um eine schöne Frau, heute schlagen sie sich wegen so profaner Dinge wie Religion, Geld oder Macht die Köpfe ein.«

»Aber damals waren die Helden-Männer doch in

Wirklichkeit auch nur geld- und machtgeil«, widerspricht ihm Petra, »die Frauengeschichte ist doch nur eine Finte, um die Eroberungen von Land und Leuten zu legitimieren.«

»Ich glaube, ihr habt beide recht«, erklärt Dr. Weber, »das eine schließt das andere nicht aus, wie die Szene gezeigt hat. Wer ein erfolgreicher Eroberer sein wollte, durfte auch vor Entführung und Versklavung von Frauen des eigenen oder des feindlichen Lagers nicht zurückschrecken. Aber dazu kommen wir später noch einmal. Jetzt eine Quizfrage: Wer erkennt die verschiedenen Balladen, die hier zusammengerührt wurden und die armen Schülern schlaflose Unterrichtsstunden bereiten?«

Intermezzo: Die Ballade der Balladen – Troja oder Tronein (Wer erkennt die Ursprünge?)

Fest gemauert in der Erden
ragt die stolze Burg empor,
Krieger reiten mit den Pferden
durch Mykenes Löwentor.

Wer läutet so spät an meiner Tür,
es ist ein Trojaner um viertel nach vier.
Zu Helena der Schönen schlich,
Paris, den Strolch im Gewandte.
Was wolltest du mit dem Strolche, sprich,
sonst öffne ich dir die Türe nicht.
Er blickte mit verliebten Sinnen
auf die errötende Schöne hin.
Ganz Troja wird dir untertänig,
begann er zu der Frau vom König.
Ich möchte, dass du glücklich bist.

Fromme Helene, darf ich's wagen,
nach Arm und Bett dich zu befragen.
– Bin weder fromm noch reif für's Bett
doch find ich dich ein bisschen nett.
Ich sei, fleht Paris, gewährt mir die Bitte,

der Gast in eures Leibes Mitte.
Sie nimmt den Knaben wohl in dem Arm,
Sie fasst ihn sicher, sie hält ihn warm.
Und den Gürtel wirft er, den Mantel weg,
ein Edelknecht, ganz sanft und keck.
Paris betritt nun feuertrunken,
Himmlische, ihr Heiligtum.

Ihm ist der große Wurf gelungen,
des Freundes Gattin zu erfreu'n.
Hat nun ein holdes Weib errungen,
oh'n sich deshalb zu sehr zu scheu'n.
Das hatte einst Homer gesungen,
im Jahr vor Christi tausendneun.
Über allen Gipfeln ist noch Ruh,
in allen Wipfeln spürest Du
drohen den künftigen Streit.
Das Reich des Glaubens geendet,
Zerstört die alte Herrlichkeit,
die Schönheit weinend abgewendet,
so gnadenlos ist diese Zeit.

»Na, erkennt ihr die Stellen? Übrigens hat unser Denihs die Zeilen zusammen gedichtet.«

»Wahnsinn, Denihs!«, ruft Petra aus. »Du kannst dichten?«

»Ich gehöre einer Computer-Generation an«, erwidert Denihs, »die sich auf dem Entwicklungsweg von der Künstlichen Intelligenz zur Künstlerischen Intelligenz befindet.«

»Also ich erkenne Goethe mit ›Erlkönig‹ und etwas Wilhelm Busch.«

»Und ich sehe den ›Ring des Polykrates‹, der ist, glaube ich, von Schiller«, kam die Antwort aus den Reihen der Schüler.

»Und die ›Bürgschaft‹ gab's auch wieder.«

»Das ist doch schon etwas Basis-Wissen«, lobt Dr. Frank. »Hoffen wir, dass der Samen der Veränderung aufgeht.«

Vierte Station: Kleopatra – Sex als Waffe

»Wir kommen nun zu einer der schillerndsten Figuren des Altertums, eine Frau, die sich in einer Männergesellschaft durchschlägt – ihren Mann steht. Wir machen dazu einen Sprung von gut sieben Jahrhunderten zu Marcus Antonius und Kleopatra: Es ist die Zeit kurz vor der Geburt Jesus. Krieg war ein häufig verwendetes Mittel, um eigene Macht und falsches Heldentum zu feiern. In Ägypten findet das Morden und Töten ganz im Kreise der Pharao-Familie statt. Der Vater gegen die Schwester, Kleopatra gegen ihren Bruder, der gleichzeitig als ihr Ehemann und Mitregent fungierte – ganz nach dem antiken Motto: ›Frauen darf man nicht allein regieren lassen.‹ Das tat Kleo dann doch – was ihrem Bruder das Leben kostete. Vorher hatte er sie aus dem Palast verdrängt.«

Denihs: »Das Römische Reich expandierte zu jener Zeit in alle Himmelsrichtungen und so verbrachte mancher Römer seine besten Jahre damit, Grenzzäune als Schutz gegen die Barbaren zu bewachen. Mit Hilfe eines Vasallen-Status mit begrenzter Autonomie spannte Rom auch den jeweils lokalen Adel für seine Zwecke ein – Geld auftreiben für die teure Militärmaschine Roms. Zugleich war es die Zeit, in der in Rom monarchische Anwandlungen und herrschaftliches Auftreten von Cäsar noch auf den Widerstand überzeugter Republikaner stießen.

Doch mit jedem seiner Siege gegen echte oder vermeintliche Feinde, rückte der Welteroberer ein Stück näher an die Krone des Kaisers heran. Als er aufbrach, um als Schiedsrichter im ägyptischen Geschwisterkrieg zu vermitteln, traf er dort auf eine junge Frau von 21 Jahren, die es verstand, ihn mit ihrem Charme einzuwickeln – ganz so wie sie sich in einen Teppich eingewickelt an den Truppen ihres Bruders vorbei zu Cäsar in den Palast schmuggeln ließ. Der war von dem Auftritt der Königin außer Diensten so begeistert, dass er sogleich zum Seitensprung ansetzte. (Cäsar war verheiratet.) Alsbald zeigte Cäsar doppelte Stärke: Er räumte mit seiner kleinen Truppe den Chefsessel für Kleopatra frei und zeugte zugleich mit ihr einen Sohn.«

Dr. Weber unterbricht: »Die Geschichte ist voll von Beispielen, dass Eros immer wieder als Mittel zum politischen Zweck eingesetzt wird. Sex als strategische Waffe: Make love to war. Sinnvoller wäre es, die menschlichen Triebkräfte positiv einzusetzen – Frieden schaffen statt Geld zu raffen – und Aggressionen fruchtbar umsetzen.«

»Gibt es Beispiele für eine solche erotische Kultur«, fragt eine der Schülerinnen?

Denihs antwortet: »Die Etrusker zum Beispiel, das sind die Vorläufer der alten Römer. Sie hatten diese Weisheit beherzigt und statt Kriege zu führen, lieber ausschweifende Orgien gefeiert. Die Römer hingegen wechselten erst im Laufe der Jahrhunderte ihre diesbezüglichen Hobbys – Menschen schaffen statt sie zu töten.«

»Welche Rolle spielt die Liebe in der Literatur?«

»Fragen wir doch Denihs«, schlägt Dr. Frank vor. »Vielleicht ist er ja auch Experte in Liebesdingen.« Er schaltet den Computer auf die Rubrik ›Antworten‹.

»Die einschlägig bekannten Liebesgeschichten der Weltliteratur sind ein Quell romantischer Beziehungen. Sie haben nur einen Nachteil – es hat die meisten davon nie wirklich gegeben. Viele von ihnen haben erotomanischen Historienschreibern als künstlich erzeugte Mischung aus Dichtung und Wahrheit – sogenannte Legenden – gedient. Die geprägt sind durch Werte und Normen.«

»Denihs, wer macht diese Normen?«, fragt Klaus.

»Weltmeister im Normen formen sind seit jeher die Religionen. Ein wesentlicher Pfeiler sind dabei die Tauschgeschäfte mit dem jeweiligen Gott, nach dem Motto: Ich unterdrücke meine Bedürfnisse und erwerbe damit Pluspunkte fürs Jüngste Gericht der Christen oder Muslime. Ich lebe keusch, also bin ich gott- und allahgefällig und erwarte dafür eine Gegenleistung.«

»Das ist zynisch gegenüber allen Gläubigen«, wirft eine Schülerin ein, die deutlich sichtbar ein Kreuz an ihrer Halskette trägt. »Wie kann ein so kleiner Computer nur so große Töne spucken?«

»Komprimierte Fakten«, gibt Denihs zur Antwort.

Dr. Frank versucht, das Programm weiterlaufen zu lassen. »Ich bitte um eure Aufmerksamkeit, wir befinden uns noch immer in Ägypten.« In der Tat hat der Projektor ein farbiges Bild einer landwirtschaftlich genutzten Nil-Landschaft entworfen, das die Mühsal bäuerlicher Arbeit in dieser Zeit vermitteln soll.

Klaus will das Thema weiterspinnen: »Eben, ist Kleo nicht das beste historische Beispiel für den strategischen Einsatz des Eros?«

»Ich denke ebenfalls an jene Königin, die zwei stolze Römer um den Finger wickelte. Die Ägypterin hatte griechischen Migrationshintergrund und kannte die erotischen Riten der Hellenen«, erwidert Dr. Weber.

Petra: »Hierzulande ist sie nicht zuletzt durch ihre klassische Nase bekannt ...«

»... die sie überall hineinstecken musste«, ergänzt Klaus.

»Das steht auf einem anderen Blatt, ebenso wie ihre

Intelligenz. Sie sprach immerhin neun Sprachen und hatte eine besondere Ausstrahlung.«

»Bekannt vor allem durch die Filme, die über sie gedreht wurden«, wirft Petra ein.

»Kleopatra war in der Tat Objekt von etwa 40 Historien-Rührschinken«, erzählt Dr. Frank. »Dabei teilten sich die schönsten Schauspielerinnen ihrer Zeit die Rolle. Der Prunk des alten Ägypten und die Launenhaftigkeit seiner Königin fanden ihr Pendant in dem vierstündigen und 44 Millionen Dollar teuren Monumentalfilm von 1963 mit der zickigen Elisabeth Taylor als Kleopatra. Wie ihre historische Rollenfigur fand sie bei den vierjährigen Dreharbeiten ihre große Liebe: Richard Burton. Das im Kino stark gekürzte, super sentimentale Rührstück erhielt vier Oscars. Hätte es diesen Preis auch schon vor 2000 Jahren gegeben, hätte die echte Kleopatra sicher Chancen, als beste Schauspielerin mit den besten Kulissen geoscart zu werden. Doch wir kommen vom eigentlichen Thema ab.«

»Richtig«, kommentierte Denihs den Teamleiter, »kehren wir aber jetzt zurück zur Antike! Ob es ihre auf Münzen geprägte Schönheit war, die immer mal wieder in Zweifel gezogen wird oder ihre erotische Ausstrahlung, Kleopatra verstand es jedenfalls hervorragend, das Angenehme mit dem Nützlichen zu verbinden, vor allem Sex mit Politik. Ihre Intelligenz und Zielstrebigkeit, verbunden mit erotischem Charme, dürften die Männer ihrer Zeit eher gefesselt haben als eine mögliche pure Schnittmuster-Schönheit.«

»Wie war das nun mit den Beziehungen der Königin?« ‚wollte Klaus wissen. »Hatte Kleopatra die erwähnte innige Beziehung mit Cäsar begonnen?«

»Nachdem er seinen Sommerurlaub am Nil abbrechen musste, weil ihn weitere Konflikte im Reich zu neuen Heldentaten riefen, besuchte sie ihn mit ihrem gemeinsamen Sohn Caesarion in Rom – sehr zum Ärger von Cäsars offizieller Gattin. Nach ein paar Monaten kam das Attentat auf Cäsar, der angeblich von immerhin zwölf Messerstichen getroffen, noch den berühmten Satz aushauchen konnte: ›Auch du, mein Sohn Brutus‹.«

»Und wie reagierte Kleopatra?«

»Nun, Kleopatra wollte erst mal ihre Ruhe vor den Römern haben und reiste Hals über Kopf und immer der Nase nach zurück ins heimische Alexandria. Doch kaum war das obligatorische Trauerjahr verstrichen, tauchte ein neuer alter Römer am Horizont auf: Marcus Antonius, entfernter Vetter von Cäsar, gelernter General und begnadeter Redner – manche würden sagen Schwätzer. Mit feiner Ironie hatte er das Volk für sich und gegen die Brutusianer eingenommen – ›denn Brutus ist ein ehrenwerter Mann‹, so der Refrain seiner Grabrede mit der wiederholten ironischen Rhetorik.«

»Wie kam es zu der Beziehung zwischen beiden?«, will Maggy wissen.

Dr. Weber antwortet ihr: »In Alexandria kam Marcus Antonius als Sieger über die Cäsar-Killer an und hatte damit gleich bei Kleopatra ein Stein im Bett. Marcus Antonius, jugendlich und durchtrainiert, stand denn auch an Kleos Seite wie ein Leuchtturm – gestählt in der Hitze der Schlacht und der Hitze der Nacht. Drei Kinder waren das Ergebnis.«

Pause.

Die Schüler nutzen die Zeit, um sich einmal untereinander zu unterhalten: »Was betrübte das verliebte Paar?«

»Offenbar hegen einige von euch große Sympathien für den planetarischen Sternen-Begleiter und die leuchtende Quelle des Lebens«

»Wovon sprichst du, um Himmelswillen?«

»Natürlich vom Mond und der Sonne.«

»Ich habe den Eindruck«, sagt ein Schüler, »zwischen Dr. Frank und Denihs besteht eine gewisse Rivalität, darüber, wer den Ton angeben darf.«

»Vielleicht hat er ja Angst, seinen Posten zu verlieren«, meinte Petra, »an ein seelenloses Wesen.«

»Aber mit Humor.« Klaus ließ nichts auf den Comboter kommen.

Dr. Weber unterbricht ihre Unterhaltung und startet erneut Denihs, der die letzte Frage beantwortet: »Es gab noch Octavian, ein Schwager aus der Cäsar-Sippe. Er ist für den Westen des Reiches zuständig, Marcus Antonius hingegen für den Osten. Es droht der erste Ost-West-Konflikt kurz vor der Kalender schaffenden Geburt Jesu. Auch damals wurde schon mit den Mitteln der Propaganda gearbeitet. Octavian versteht es, den Römern einzureden, die ›ägyptische Hure‹ strebe nach der Macht im römischen Reich. Marcus Antonius ließ sich von seiner Gattin Octavia, Schwester des Octavian, scheiden und rüstet zum Kampf. Beim maritimen Schlagabtausch der beiden Ober-Römer muss Marc Anton zu seinem

Leidwesen mit dem Spiel ›Schiffe versenken‹ Bekanntschaft machen.«

»Er erleidet eine verheerende Niederlage«, wirft Petra ein.

»Marcus Antonius hatte eben Glück in der Liebe«, sagt Dr. Weber. »Octavian dafür im Spiel um die Macht. Kleopatra eilt zwar noch zu ihm, um diesen Kausalzusammenhang umzudrehen – streng nach dem Motto: ›Aller guten Kaiser sind drei‹, aber Octavian lässt sie glatt abblitzen.«

»Und wie endet diese Story«, will Klaus wissen?

»Die Schmach im Schach der Globalisierungs-Giganten lässt Kleopatra nicht ruhen«, berichtet Dr. Frank. »Während sich Marcus Antonius in sein Schwert stürzt – was technisch gar nicht so einfach ist –, lässt sich Kleopatra von ihrem Lieblingshaustier, einer Schlange, beißen. Das traurige Ende einer genialen Verbindung«, bedauert der Projekt-Leiter.

»Und wo bleibt das Positive?«, fragt eine Schülerin, die bisher recht schweigsam gewesen war.

Denihs antwortet, nachdem Dr. Frank auf den Knopf ›Kommentierung‹ gedrückt hat: »Kleopatra hat ihrem strategischen Sex-Einsatz zwar vier Kinder und manche erregende Stunde zu verdanken, politisch ist es eher ein Fiasko. Was bleibt, ist ihr Ruf von männlichen Fans, die schönste Frau der Antike gewesen zu sein – was eher Malern wie Michelangelo als der rauen Wirklichkeit zuzusprechen ist. Jedenfalls gilt sie unter ihren Geschlechtsgenossinnen als ganz schön schlau. Der Bürgerkrieg zwischen den römischen Potentaten zu verhindern, hatte Kleopatra nicht die Macht. Krieg war für die begüterten Römer schließlich ein Lebenselexir – gelegentlich mit Todesfolge.«

»Wen liebte Kleopatra mehr«, fragt Petra, »Cäsar oder Marc Anton?«

Denihs: »Dies beantwortet der britische Komödienautor Bernhard Shaw in seinem Stück ›Cäsar und Cleopatra‹. Ich zitiere wörtlich:

Kleopatra: Cäsar liebt niemanden. Er ist gut zu allen (Frauen). So gut wie zu Hunden und Kindern.
Pothinus Ex-Regent von Ägypten: Ist das denn nicht Liebe?
Kleopatra: Nein, weil er das Gleiche für das nächstbeste Mädchen tun würde ...
Pothinus: Aber woher willst du wissen, dass er dich nicht liebt, so wie Männer Frauen lieben?
Kleopatra: Weil ich ihn nicht eifersüchtig machen kann ...
Pothinus: Dann sollen wir fragen, ob du ihn liebst?
Kleopatra: Kann man denn einen Gott lieben? Im Übrigen liebe ich einen anderen Römer, einen, den ich lange vor Cäsar sah im Traum – keinen Gott, sondern einen Mann – einen, der lieben und hassen kann, einem, dem ich weh tun kann und der mir weh tut.

Dr. Frank: »Das war nur eine kurze Stippvisite im alten Ägypten. Als nächstes wollen wir uns auf ein etwas heißes Pflaster begeben, das der Religion. Ketzer, Ungläubige, Heiden und Atheisten waren schon immer Zielscheibe von religiösen Eiferern. Aber wir steuern unsere fünfte Station an. Wir haben mehrere profunde Kenner der früh-theologisch-historischen Ereignisse gewinnen können, die ihr Wissen über die biblischen Vorgänge um die Rolle der heiligen Familie beziehungsweise deren Umfeld nutzen, einigermaßen gesicherte Erkenntnisse zu vermitteln. Zunächst aber ein kurzer Abstecher zum Thema ›Helden‹.«

Intermezzo: Was sind Helden

»Wohin ich blicke, sehe ich Witwen und zukünftige Witwen. Warum lernt ihr nichts von den Hetären. Ihr wollt Helden zu Männern haben. Ihr verlangt nach Orden. Ihr wollt euch ihrer Taten rühmen. Begreift doch endlich. Ein lebender Mann ohne Orden ist besser als ein toter Sieger auf dem Schild. Was putzt ihr ihnen die Speere blank? Versteckt eurem Helden die Waffen, setzt eure eigenen ein.« Dr. Weber zitiert die Hetäre Megara mit ihrer Rede vor den Frauen Athens zur Zeit des Krieges zwischen Athen und Sparta aus dem Buch von Christine Brückner: ›Wenn Du geredet hättest, Desdemona‹. Zugleich ertönt im Hintergrund die Stimme von Tina Turner mit dem Lied ›We don't need another heroe‹.

Dann ist wieder Denihs an der Reihe. Sein roter Knopf für die Warnung ›Achtung Satire‹ leuchtet: »Helden tragen einen Panzer, fahren einen Panzer oder haben eine Gesichtsmimik wie ein Panzer. Man sieht sie gelegentlich breitbeinig die staubige Dorfstraße herunterschlendern und um High Noon zahlreiche böse Feinde erledigen. Ersatzweise können Helden auch in Not geratene Bergsteiger, ins Wasser gefallene Kinder oder in brennenden Häusern wohnende Frauen retten. Dies alles geschieht unter Einsatz des eigenen Lebens – weshalb Helden auch selten eine Lebensversicherung abschließen können.

Im Krieg sind Helden eine besondere Spezies, die nach der Tötung einer mindestens zweistelligen Zahl an Feinden mit Helden-Lametta ausgezeichnet werden. Wer schon als Held geboren wird, zeichnet sich später durch einen Mangel an Fantasie, wenig Fähigkeit zur Selbstkritik, notorisches Einzelgängertum sowie häufig wildes Draufgängertum aus. Helden sammeln Auszeichnungen wie zum Beispiel das Verdienstkreuz oder den monatlichen Verdienstzettel. Denn nur wer die monotone, fremdbestimmte und Stress auslösende Tätigkeit in seinem Beruf kennt, weiß, was wahres Heldentum heißt.

Die Heldin, das weibliche Gegenstück, muss sich schon andere Felder der Ehre suchen. Die Tod bringende männliche Variante ist schon weitgehend besetzt. So schlagen sich die Heldinnen in der Gestalt als Mutter Courage, Florence Nigthingale, Mutter Theresa, Marlene Dietrich oder als anonyme Grundschullehrerin heldenhaft durchs weitgehend mutige Leben.

Helden sind ein beliebter Gegenstand von Romanen aller Art: Don Quichotte, Old Shatterhand, Don Juan, Siegfried, Jesus, Achilles, Buffalo Bill, Albert Schweizer, das tapfere Schneiderlein, Asterix, und Dschingis Khan gelten als notorische maskuline Helden, die weitgehend emotionslos sich in immer neue Abenteuer stürzen und ihren Schutzengel dabei häufig überfordern.

So besteht ein Großteil aller Helden-Geschichten nur aus – eigene Wünsche verdrängenden – Bedürfnissen der jeweiligen Autoren. Helden werden der Nachwelt manchmal auch per Denkmal überliefert. Das ist eine in Stein gemeißelte Aufforderung, vor allzu kühnem Handeln das eigene Motiv erst einmal zu reflektieren – und sich dann erst posthum von den Tauben auf den Kopf scheißen zu lassen.«

»Dann möchte ich lieber kein Held sein!«, bemerkt Klaus dazwischen. »Du hast in deinem Leben sicher noch genügend Gelegenheit, Zivilcourage zu zeigen«, erwidert Dr. Weber. »Zum Beispiel in Fragen der Religion. Da reagiert mancher Friedensapostel sehr aggressiv."

Fünfte Station:
Maria und Josef – ein besonderes Paar

»Und damit wären wir auch schon beim nächsten Thema: Das Neue Testament als altertümliche Legenden-Sammlung. Denihs, was macht dein religiöser Glaube?«, fragt Dr. Frank mit einem süffisanten Lächeln.

Denihs ist nicht um eine Antwort verlegen: »Ich bin basisch neutral, meine virtuelle Spiritualität ist auf ›error‹ geschaltet. Doch zum Thema«, so Denihs: »Maria war regelausbleibrecht schwanger. Sie konnte erst nach einiger Zeit und nach langer Überredungsarbeit nicht nur ihren Lebensgefährden davon überzeugen, dass kein Grund zur Eifersucht bestand, sondern auch die verbeamteten Sittenwächter des Jerusalemer Tempels. Dort hatte Maria als Kind tanzen dürfen. Ab der Geschlechtsreife war es jüdischen Frauen jedoch verboten, den Tempel zu betreten – Paternalismus pur. Der Tempel, in dem Maria als Kind und Jesus als junger Mann gewirkt haben, wurde ein Jahrhundert später von Kaiser Hadrian der Liebesgöttin Venus und ihrem schönen Liebhaber Adonis geweiht.

Doch zurück zu dem ungleichen Paar. Es war sicher bemerkenswert, dass Josef in einer reinen Macho-Gesellschaft auf seinen formalen Anspruch auf Beischlaf verzichtete und die Jungfräulichkeit Marias unterstützte.

Das ist die wahre Liebe. Nicht überliefert ist allerdings, ob Josef eine Ersatzbefriedigung bei den ›Schönen der Nacht‹ gesucht hatte und auch fand. Ebenso wenig ist überliefert, ob Josef sich damals an dem Philosophen Platon orientierte, der die Enthaltsamkeit auf höherem geistigen Niveau propagierte.

Eine andere Version der Bibelianer sieht die junge Maria als uneheliche Schwangere, was in der damaligen jüdischen Moralvorstellung so ziemlich das Tabu Nummer eins war. Um die Ehre der Familie zu retten, wurde rasch ein älterer Witwer gesucht, der ohne diesen Deal voraussichtlich unbeweibt geblieben wäre. Danach war Josef der Ehrenretter per Heirat, weshalb ihm ein eigener Platz unter den Heiligen der Religionsgeschichte zustünde. Ob dabei auch Gefühle mit eine Rolle spielten, darüber haben die frommen Chronisten des Neuen Testaments den Mantel des Schweigens gehüllt.«

»Das geht ja auch niemanden etwas an«, kritisiert die Schülerin mit der Kreuz-Halskette. »Warum halten wir uns nicht an das, was gesichert überliefert ist – die jungfräuliche Geburt Jesu frei von körperlichen Begierden?«

»... und wohl auch ohne die üblichen Schmerzen«, ergänzt Klaus.

»Gehen wir davon aus«, antwortet Dr. Weber, »dass die Zweckehe sich zu einer echten Gefühlsbindung wandelte. Josef zögert demzufolge, als der imperiale Aufruf zur Massenwanderung erging, war seine geliebte Frau doch hochschwanger – egal von wem. Der Ritt auf einem Esel als Transportmittel konnte vorzeitige Wehen auslösen, doch war es immer noch besser, als zu Fuß zu gehen. Heimlich verfluchte er die Römer, die ihn zur Unzeit an die Stätte seiner Jugend zurück kommandierten. Als dann in der Notunterkunft von Betlehem die Wehen tatsächlich einsetzten, war Josef dankbar, dass in der Nähe ein paar Hirten weilten, die durch ihre meist einsamen Aufenthalte in der Natur sowohl bei Schafen als auch Menschen erfahrene Hebammen-Dienste verrichten konnten.« Sie schaltet Denihs wieder ein.

Denihs: »Die Stunden nach der Geburt Jesus sind die am weitest verbreiteten Momente der Geschichte. Eine Karawane von Vertretern des Hochadels machte bei seinem Zug nach Ägypten ebenfalls halt, um dem Gerücht nachzugehen, in ärmlichen Zuständen sei einer ihrer Kollegen zur Welt gekommen. Die energiereiche und gut zu erkennende Supernova in der Galaxie des Andromedanebels diente ihnen als Orientierungspunkt.«

»Ihr Quartier war eben nur eine Ein-Stern-Pension«, bemerkt eine Schülerin, ohne dass jemand darauf eingeht.

Dr. Weber ergänzt: »Die nachfolgenden kirchlichen Enthaltsamkeits-Fanatiker konnten die Geschwister von Jesus als leibliche Kinder Marias um des lieben Dogmas wegen keinesfalls dulden und definierten sie in die angebliche erste Ehe Josefs. Daraus leiten sich allerdings zwei Thesen ab, weshalb Josef sich kein anderes Mädchen aussuchte als das, was die Branche zu bieten hatte. Die erste geht davon aus, dass Josef schon die erektile Altersgrenze überschritten hatte, als er sich mit Maria verlobte, die zweite, dass Maria nicht ihr Leben lang so jungfräulich blieb.«

Petra kann nicht mehr an sich halten: »Bleibt noch die Frage, wie es Maria geschafft hat, jungfräulich nicht nur zu empfangen, sondern auch so zu gebären.«

»Kann mir jemand mal erklären«, fragt Maggy, die offenbar gerade in einem ganz anderen Gedanken-Revier jagt, »weshalb kommt der Weihnachtsmann beziehungsweise der Nikolaus hierzulande mit einem Rentier daher und nicht mit einem Esel, wie in ihrer Heimat der Südtürkei oder Palästina üblich?«

Ihr antwortet Denihs, inzwischen wieder eingeschaltet, »Ist doch klar, weil sich das Weihnachtsfest für viele Geschäftsleute durchaus kräftig rentiert.«

Bevor jemand antworten kann, ertönt das Signal zum Mittagessen. »Das soll gleich eine Erholungspause für alle Beteiligten sein«, sagt Dr. Frank.

In der Kantine treffen sie einen Mann mit schwarzem Vollbart, den Petra auf etwa Mitte 30 schätzt. »Ich darf unseren hauseigenen Satoriker Dr. Lehmann vorstellen«, erklärt Dr. Frank. »Er ist einer der Programmierer von Denihs. Er hat die Aufgabe, historische Rollen als solche deutlich zu machen – mit den Mitteln der satirischen Zuspitzung. Er hat sein eigenes Glossar aufgebaut – Begriffe und Termini, die zum besseren Verständnis der Geschichte dienen.«

»Das meiste davon ist absolut relativ«, sagt Dr. Lehmann. »Wer oder was bewegt die Welt am meisten?«

Für den Satoriker – ein gemeinsamer Begriff für Satiriker und Historiker, fällt die Antwort je nach Profession unterschiedlich aus. Schwerkraft und Zentrifugalkraft wird der Physiker sagen. Wasser- und Sauerstoff der

Chemiker. Religion und Macht der Historiker, Gott und der wahre Glauben der Theologe, Rollen und ihre Träger der Soziologe, Sex und Aggression der Psychologe, Bildung und Lernbereitschaft der Pädagoge, Geld und Gewinn der Ökonom, Liebe und Familie der Traditionalist, Fortpflanzung und Sonnenenergie der Biologe, Freiheit und Menschenwürde der Sklave, Kirche und der Glaube an sie der Papst.

»Wir wollen ein paar der historischen Antworten näher beleuchten«, sagt Dr. Frank.

»Einige Rollen haben historisches Gewicht und waren als Beruf beziehungsweise Berufung durchaus gefragt. Die Zugangshürden waren jedoch meist ziemlich hoch. Beispiel, die Tätigkeit als Papst. Dazu kommen wir später. Jetzt lasst euch das Essen schmecken.«

Petra und Klaus sitzen in der Kantine mit Dr. Frank und Dr. Lehmann zusammen an einem Tisch. »Kann Denihs auch philosophische Fragen beantworten – etwa nach dem Sinn des Lebens oder der Frage, gibt es Gott?«

»Du verlangst von einem virtuellen Intellektuellen ganz schön viel.« Dr. Lehmann schmunzelt. »Die Fragen beschäftigen die Menschheit schon seit 4000 Jahren. Zur ersten Frage hab ich mit meiner Bemerkung vorhin über die Relativität der Interessen und Bedürfnisse einen kleinen Hinweis gegeben. Es kommt immer auf den Einzelnen an, was er sich zum Lebensziel macht und was er davon erreicht. Sinnlos ist allenfalls ein Leben für die Geldgier und die Gewalt. Aber auch das ist eine relative Wertung. Die zweite Frage können wir anschließend an

Denihs stellen«, sagt Dr. Frank. »Bin selbst gespannt, was er antwortet.«

Als Dr. Frank Denihs einschaltet und mit der Gretchen-Frage konfrontiert, beginnt ein Lämpchen an seiner Seite zu leuchten. Auf einem kleinen Display steht geschrieben: ›Vorsicht, falsche Fakten‹. »Das ist die Quintessenz der Befragung zahlreicher Gläubigen, Neugierigen und überzeugten Atheisten. Solange sie mich nicht mit euch unvollständigen Menschen in einen Topf schmeißen«, erklärt Denihs, »ist mir auch vor einer Gehirnwäsche nicht bang.«

»Also beginnen wir unsere Nachmittags-Sitzung mit einem kleinen Quiz. Mal seh'n«, so Dr. Frank weiter, »wo die Schlauberger sitzen.«

»Denihs, gibt es inzwischen Beweise für die Existenz Gottes?«, will Klaus wissen.

Der Computer rumpelt etwas, dann beginnt seine künstliche Stimme zu sprechen: »Unsere Antwort: Bis jetzt noch nicht, doch sind wir guter Hoffnung, hier bald weiter zu sein. Amerikanischen Astronomen ist es nämlich gelungen, auf der Zeit-Raum-Achse bis hinter den galaktischen Urknall zu schauen. Plötzlich, so wird berichtet, sei auf ihren Bildschirmen ein freundlicher älterer Herr erschienen, der jedoch beim Versuch mit ihm in Kontakt zu treten, mit dem Warnhinweis ›error‹ reagierte.«

»Wahnsinn«, sagt Klaus, »der Computer ist echt cool, aber ich glaub ihm kein Wort.«

Dr. Frank greift das Thema auf. »da hast du zwar nicht allgemein recht, aber im besonderen Fall schon.« Auf dem Display steht wieder: ›Vorsicht, falsche Fakten‹. »Denihs hat nur der Zukunft etwas vorgegriffen – eben die Phantasie eines Elektronengehirns. Aber nun ein Intermezzo zur Entspannung.«

Denihs ist inzwischen eingeschaltet und will auch etwas sagen:

Intermezzo:
Der Papst – Primus inter Pares (PiP)

»Insgesamt 168 Päpste zählt die Geschichte. Diese haben etwa 100 Kinder gezeugt, rund 40 Kriege geführt, ungefähr 15.000 Hexenverbrennungen billigend in Kauf genommen, mehrere tausend Ketzer hinrichten lassen, ein unschätzbares Vermögen erworben und Millionen von Menschen neue Neurosen eingepflanzt.« Denihs leiert die Zahlen runter ohne Emotionen. »Ein waschechter Papst muss hingegen politisch, pragmatisch, spendabel gegenüber der eigenen Verwandtschaft und potent sein, hieß es früher. Gegenüber den libidinösen Renaissance-Päpsten, von denen mancher den Beinamen Potentifex Maximus verdient hätte, zeichnen sich die letzten drei oder vier Stellvertreter Jesu auf Erden – schon aus Altersgründen – eher durch eine geistige und geistliche als körperliche Potenz aus.

Hatte ein Papst im Mittelalter Streit mit einem Kaiser, König oder Kurfürsten belegte er diesen mit dem Bann – eine relativ billige, aber manchmal recht wirksame Waffe, denn sie erlaubte und forderte sogar indirekt die Rebellion der Untertanen gegen den jeweiligen Monarchen. Von daher rührt wohl auch der Ausdruck ›mit harten Bandagen kämpfen‹. Vor allem die Neubesetzung des Postens brachte häufig Zank in die Kurie, weil auch ein Papst schließlich das Amt an seinen Sohn vererben wollte. So geschehen etwa bei Familie Medici oder Familie Borgia. Aber das kostete immer viel Bestechungsgelder, die erst durch den Verkauf von Pfründen, Klöstern und Posten wieder hereinkommen mussten. Doch dazu gab es ja die reiche Familie Fugger in Augsburg, die sich bald als Finanziers der Päpste einen kommerziellen Namen macht.

Dr. Lehmann: »Darf ich etwas ergänzen? Päpste seit ihrem Vorkämpfer Paulus waren stets auch die obersten Missionare. Die Bekehrung der Heiden ließ sie hin und wieder zu Kreuzzügen aufrufen, um den gemeinen Muslim, Buddhisten, Naturreligiösen, Hindu oder Protestanten in den wahren Glauben zu zwingen – tot oder lebendig. Mit der heiligen Inquisition schufen die Päpste im 12. Jahrhundert in der Tat einen Ketzer- und Hexenhammer, der wilddogmatisch und pestartig überall zuschlug. Der latente Sadismus vieler Kirchenleute brach sich brennend Bahn.

Mit seinem freiwilligen Rücktritt hat Ex-Papst Benedict XVI gezeigt, dass Päpste auch nur Menschen sind, und ihre Heilung von Alter und Krankheit auch mit den besten Wundern der katholischen Kirche nicht realisierbar sind. Damit das nächste Mal die Nachfolge besser geregelt ist, hier schon mal der Vorschlag einer Personalanzeige des Vatikans als Reserve (erst nach dem Ableben des jetzigen Pontifex Maximus verwenden):

Anzeige

Wir suchen: Eine tatkräftige Führungskraft mit spirituellem Engagement für den Posten des Pontifex

Maximus
Wir erwarten: ein fundiertes theologisches Grundwissen, Teamfähigkeit und Durchsetzungsvermögen. Der Bewerber soll männlich, katholisch, ledig, im Alter zwischen 40 und maximal 80 Jahren sein, Fremdsprachenkenntnisse sind von Vorteil.
Wir bieten: eine Lebensstellung im gehobenen Dienst am Menschen, eine rege Reisetätigkeit und einen eigenen Staat. Die Vergütung erfolgt auf Basis des Tarifs GL plus (Gotteslohn plus Kost und Logis).
Wir sind: ein international aufgestelltes, gemeinnütziges Dienstleistungs- und Immobilienunternehmen mit 2.000-jähriger Tradition.

›Wunder gibt es immer wieder.‹ Diese philosophische Erkenntnis eines deutschen Schlagertexters beschäftigt auch in und um den Vatikan eine ganze Branche. Denn seit Papst Johannes Paul werden in Rom Heilige und Selige quasi am Fließband produziert. 483mal hat der polnische Pontifex zwischen 1978 und 2005 Verstorbene zu Heiligen erklärt – und qualifizierte sich damit für die eigene Heilig-Erklärung nur wenige Jahre nach seinem Ableben. Damit ist er eindeutig Rekordhalter. Gesamthistorisch waren bislang 6.600 Frauen und Männer postum in den Kirchenadel erkoren worden. Voraussetzungen für den Titel sind entweder ein gewaltsamer möglichst religiös motivierter Tod (›Martyrium‹) oder eben ein Wunder – vorzugsweise eine Wunderheilung.«

Nun war Denihs wieder an der Reihe, sein Wissen

zum Besten zu geben: »Der chronisch kranke Johannes Paul konnte zwar selbst keine solche Heilung empirisch erfahren, das hinderte ihn aber nicht, die Kassen des Vatikan auf wundersame Weise zu heilen. Rund eine Viertelmillion Euro müssen die Antragsteller hinlegen – Geld, das als Gebühren, Gutachterhonorare, Recherche- und Übersetzungskosten im Dunstkreis des Vatikans manchen Wunderexperten sanierte. Dazu müssen ausreichend Krankengeschichten von Patienten gesammelt werden, deren Genesung für normale Schulmediziner unerklärlich ist. Da für die Selbstheilungskräfte eines Patienten keine wissenschaftlichen Studien existieren, akzeptiert die ärztliche Kommission eher die Fern- als die Selbstheilung auch über eine größere Distanz hinweg – Telemedizin auf katholisch. Besonders heilsam sind Orte, in denen Jungfrauen einmal göttliche Halluzinationen hatten. Zum Beispiel der französische Wallfahrtsort Lourdes. Er hat jährlich rund 50.000 Kranke zu Besuch – ein Promille davon hat allenfalls eine Chance auf Wunderheilung – mit oder ohne Heiligen. Wunderheilung ist also eine Art Gesundheits-Lotto für Hoffnungslose?«

Nachdem Dr. Frank Denihs auf Sendepause schaltet, ergreift als erste Petra das Wort: »Einerseits glaub ich nicht mehr an Wunder, seitdem der Klapperstorch tot ist. Es wäre ja auch ganz schön unfair, sie nur wenigen Auserwählten zugute kommen zu lassen. Andererseits gibt es sicher übernatürliche Bereiche, in denen unser Verstand nicht mit reiner Logik weiterkommt.«

Dr. Frank: »Glaube ist die Ruhestätte des Geistes, Logik ist die Gymnastik des Geistes. Lasst uns aber jetzt unsere Zeitreise fortsetzen. Ein paar Jahre nach der Völkerwanderung, begannen die Gastgeber und ihre zugewanderten Gäste sich zu vermischen und anschließend zu Staaten zu gruppieren. Das bedeutet aber nicht, dass es nun friedvoller zuging, Kriege standen nach wie vor auf der Agenda der Herrschenden – einschließlich der wohl begüterten Kirchen-Hierarchen.«

»Eine Religion, die uns nichts an bleibenden Werten eingebracht hat«, kritisiert eine Schülerin.

»Von bleibendem Wert sind zum Beispiel die kirchlichen Feiertage mit ihrem Verkürzungseffekt auf die jährliche Arbeitszeit«, hält Dr. Lehmann dagegen. »Weitere bleibende Werte der christlichen Religion: Die Missionarsstellung, das Kreuz (Bube als Trumpf), die kirchliche Kanzel, die Kurienkardinäle nebst dem Primus inter pares (Pip), auch Papst genannt.«

Daraufhin will sich auch Dr. Weber äußern: »Ebenfalls unter therapeutischen Aspekten ist die Religion fruchtbar: Seelsorge, Exorzismus und Beichte heilen psychosomatische Krankheiten und ersetzen manch teuren Psychiater. Für die Moral sorgt die Religion ebenfalls bis heute. Das Gebot der Nächstenliebe wörtlich genommen, erlaubt hin und wieder einen schönen nachbarlichen Seitensprung. Auch kulturell ist manches aus den einstigen Intensiv-Glaubenszeiten hängen geblieben. In der Malerei waren vor allem die Bilder von nackten Engeln stilbildend – ohne den Vorwurf der Kinderpornografie gleich laut werden zu lassen. Millionen von Haushälterinnen in Pfarrhäusern hat die Beziehung zu einem katholischen – gelegentlich etwas unkeuschen – Pfarrer glücklich gemacht.«

»Sind die Monotheisten jener Zeit zugleich Monopolisten der Religion?« Petra war ganz glücklich über diese Formulierung mit Blick auf den anhaltenden Aufschwung.

»Natürlich gibt es noch ein paar andere Religionen außer dem Christentum«, antwortet ihr Dr. Lehmann. »Im Zeichen der Bio-Welle kommen zunehmend auch Naturreligionen wieder zum Tragen. Jeder Baum ein frommer Traum.«

»So für heute machen wir Feierabend«, sagt Dr. Frank, »morgen geht's weiter mit einem Höhepunkt unserer Arbeit – dem Interview mit einem Zeitzeugen von Jesus. Und die Fragen sollt ihr selbst stellen, bereitet euch gut vor. Jeder erhält ein Neues Testament. Daraus könnt ihr eure Fragen entlehnen.«

Sechste Station: Jesus. So war's! Interview mit einem Zeitzeugen

»Guten Morgen.« Die drei Wissenschaftler begrüßen die sechs Schüler. Das heißt eine Schülerin fehlt – das Mädchen mit der Kreuz-Halskette. »Wir haben die Fragen gemeinsam entworfen«, erzählt Klaus. »Als wir bei der Frage nach Jesus' Liebesleben angelangt waren, verlangte diese Tussi, die Frage zu streichen. Wir stimmten ab und vier von sechs sprachen sich für die Frage aus. Sie stand auf, sagte noch etwas von ›Lug und Trug‹ und von ›falschen Zeitzeugen‹ und verschwand.«

»Schade«, sagt Dr. Frank, »wir brauchen gerade kritische Geister. Und mit der Kritik an dem Konstrukt des ideellen Gesamt-Zeitzeugen hat sie nicht ganz Unrecht. Es ist wissenschaftlich nicht ganz sauber, ohne Quellenangabe Scheinfakten und echte Fakten zu präsentieren. Aber wie ein historischer Roman Tatsachen mit Fantasie vermischt, um seine Leser zu erreichen, so wollen wir euch Schüler erreichen – auf dem schmalen Pfad zwischen Sachlichkeit und Belletristik. Nicht anders als die Autoren der Bibel seinerzeit arbeiteten. Zwei bis drei Generationen nach Jesus waren seine Apostel als Biografen auf das Sammeln von Gerüchten und Sagen über dessen Person angewiesen. Unsere Quellen stehen übrigens alle in unserem Archiv.«

Dr. Frank legt eine kurze Pause ein. Als sich kein Widerspruch erhebt, zieht er ein Redemanuskript hervor und fährt damit vorlesend fort: »Das neue Testament der Bibel enthält vier Evangelien – Legenden gemischt mit historischen Überlieferungssplittern und pädagogischen Gleichnissen, entstanden ungefähr 40 bis 70 Jahre nach dem Tod Jesu. Vieles war in der Erinnerung bereits verblasst. Echte Augenzeugen waren alle vier Hauptautoren nicht und was beim Hörensagen an Realitätsverlust herauskommt, kann man in vielen Zeugenaussagen vor Gericht erleben. Historiker und Theologen bemühen sich seit ein paar Jahrhunderten, die Legende von der Wirklichkeit zu trennen und den Menschen Jesus mit all seinen Stärken und Schwächen zu erkennen – einschließlich seiner Individualität und Genialität und nicht nur als vom Himmel ferngelenktes überirdisches Wesen. Aber jetzt heißt es wieder: Denihs, go!«

Denihs: »Zwischen Glauben, Wissen und Gewissen ist in rund 1.950 Jahren das historische Bild über Leben und Sterben des Religionsstifters Jesus entstanden. Der ungefähre Stand der Forschung soll als ein Extrakt in Form eines Interviews mit einem fiktiven Augenzeugen des lebendigen Jesus von Galiläa gezogen werden. Stellen wir uns vor, er sei ein Jugendfreund von Jesus und später ein Mitglied des 70-köpfigen erweiterten Jünger-Kreises. Ich starte nun. wer stellt die Fragen?«

»Petra und ich abwechselnd«, sagt Klaus.

Dr. Frank drückt den Knopf ›Antworten mit Meinung‹.

Frage: Können Sie sich noch erinnern, wo und wann Sie Jesus zum ersten Mal trafen?

Augenzeuge: Das erste Mal, als ich Josua bin Josef, so sein ursprünglicher Name, persönlich begegnete, war bei einer Wanderprediger-Ausstellung. Der Galiläer hatte einen eher bescheidenen Infotisch, der dennoch ziemlich umlagert war. Er versuchte gerade, einem Arzt mit Engelsgeduld zu erklären, dass der Glaube an Gott eine heilende Tiefenwirkung entfachen könnte. Er war schon damals recht ehrgeizig mit seinen gerade 18 Jahren. Aber schon kurz danach war er eine Art Star in den Reihen der zahlreichen Wanderprediger. Am Anfang hatte er sich noch hinter dem Hebräisch sprechenden Priester versteckt – etwas unsicher wegen seiner ländlich geprägten aramäischen Aussprache.

War er seinerzeit noch allein, hatte er noch keine Jünger?

A: Seine Lehre als Prediger absolvierte er in einem Fortbildungskurs bei Johannes dem Täufer, der die Anhänger seiner Redekunst auf Hebräisch und Griechisch von der spirituellen Wirkung seiner Tauf-Rituale überzeugen konnte. Johannes galt in der Öffentlichkeit als gefährlich und demzufolge auch als gefährdet. Bei seinem Befreiungsszenario vom römischen Joch wollte er durchaus auch aktiven Widerstand zulassen. Erst als Josua sich selbstständig machte, konnte er einige zum Teil ältere Jünger um sich sammeln. Die meisten davon waren einfache Leute vom See Genezareth, die seinen Anspruch, der angekündigte Messias zu sein, für glaubhaft hielten.

War Jesus denn damals schon in Gefahr?

A: Der alte Herodes war vier Jahre vor Christo gestorben. Er stellte keine Gefahr mehr dar. Seitdem verstärkten jedoch die jüdischen Pharisäer von Jerusalem ihre literarischen Bibel-Wort-Klaubereien. Wehe eine menschliche Regung ließ sich nicht durch eine passende alttestamentarische Stelle belegen, dann war die Sache rasch gegessen. Der Hohepriester Kaifas beispielsweise sah vor allem in der Tempel-Aktion von Josua, bei der dieser den Anstoß dazu gab, der seit Langem erwartete Messias zu sein, einen persönlichen Angriff auf sein Amt. In der Nacht-und-Nebel-Aktion hatte die Josua-Gruppe die Stände der Händler aus dem Tempel geschmissen.

Heißt das, er hatte als Wanderprediger eine gute Performance?

A: Zunächst muss man die Tempelaktion als eine Art Werbemaßnahme ansehen. Josua, der sich nun endgültig Jesus nannte, war in der Bevölkerung von Galiläa mittlerweile sehr gut bekannt, nicht jedoch hinter den mächtigen Stadtmauern von Jerusalem. Das änderte sich schlagartig nach dem Tempel-Rausschmiss der fliegenden Händler. Zugleich wurde immer deutlicher, dass Jesus zwar die jüdischen Riten im Prinzip anerkannte, viele der Details jedoch infrage stellte: beispielsweise das Opfern von Tieren, die von Händlern für teures Geld angeliefert wurden, oder auch bei der Einhaltung der Sabbatruhe.

Eine etwas intime Frage: Wissen Sie etwas über das Liebesleben von Josua oder Jesus?

A: Der Begriff Liebe hat bei Jesus eine eher defensive Rolle gespielt. Er wollte von aller Welt geliebt werden, selbst aber wollte er wohl nicht allzu viele Gefühle auf eine einzelne Person konzentrieren. Maria Magdalena war die Ausnahme. Sie war die meiste Zeit Partnerin und Vertraute Jesu. Eine Tatsache, die die folgende Männer-Riege unter seinen Anhängern fein säuberlich aus allen Schriften entfernte. Auch sonst hatte er zahlreiche Verehrerinnen, die er jedoch auf Distanz hielt. Er las viel, unter anderem die Werke von Platon. Deshalb rechtfertigte er zeitweise die platonische Liebe als sein Ideal der körperlichen Entsagung. Ob das auch für den Körperkontakt mit Maria Magdalena galt, entzieht sich meiner Kenntnis.

Was war seine Stärke, die ihn von anderen Wanderpredigern unterschied?

A: Seine Stärke war gerade seine konsequente Ablehnung von all den unehrlichen und lautstarken Wortführern im Tempel, der übrigens später zur Kathedrale und danach zur Moschee umgebaut wurde. Die Schriftgelehrten dort predigten zwar Enthaltsamkeit, dachten aber im Schlaf nicht daran, sich selbst daran zu halten. Der Hohepriester Kaifas selbst lebte im Luxus, während die anderen Bürger am Hungertuch nagten – insbesondere, seitdem die Römer das Sagen hatten. Hinzu kommt seine Unabhängigkeit im Denken und Handeln. Selbst die zehn Gebote nahm Jesus nicht immer wörtlich – etwa die geforderte Verehrung der Eltern. So beschloss er lieber von zu Hause wegzugehen, als sich erste pubertäre Konflikte abzeichneten, statt in der Familie zu versauern.

Wie reagierte seine Umgebung auf das rhetorische Auftreten des neuen Propheten?

A: Man wunderte sich in Jerusalem, dass er einen aussätzigen Bettler genauso behandelte wie den König oder den obersten Pharisäer. Ein cooler Typ, würde man heute sagen, der nicht auf den Mund gefallen war und der schon in jungen Jahren den versammelten Klerus in Grund und Boden argumentierte.

Sie beschreiben Jesus eher als einen Verstandesmenschen. War er denn gar nicht zu Emotionen fähig?

A: Vor allem verstand er Herz und Verstand gleichermaßen zu gebrauchen. Die Aktion im Tempel lässt vermuten, dass der sonst so coole Prediger ebenfalls Emotionen, um nicht zu sagen Aggressionen empfand. Das machte ihn aber irgendwie menschlicher. Er hatte vor nichts und niemandem Angst, warnte jedoch davor, die römische Herrschaft gewaltsam über einen Aufstand abschütteln zu wollen. Zu mächtig war doch der Gegner und zu sehr basierte seine eigene Reformstrategie auf Gewaltlosigkeit. Sein spiritueller Herrschaftsanspruch war hingegen total. Das passte aber wieder den Sadduzäern nicht. Das war die Partei der Wohlhabenden, die geringschätzig auf die aus einfachen Kreisen stammenden Pharisäer herabschaute. Doch Josua griff auch hier in der Konversation zu seiner bildhaften Ausdrucksweise. So stellte er die Wahrscheinlichkeit eines ruhigen und gerechten Lebens für Reiche auf die Stufe der Wahrscheinlichkeit, dass ein Kamel durch ein Nadelöhr gehen könnte.

Sind Sie selbst ein Anhänger des Menschensohnes?

A: Ich bewunderte Josua, wenn er aus tiefster innerer Überzeugung dem alttestamentarischen Gott der Rache, Eifersucht und Gewalt seine falsche Rolle vorwarf oder genauer gesagt, seinen Biografen, den Autoren des Alten Testaments, die nur in der Kultur ihrer Zeit dachten. Damals herrschte eben Mord und Totschlag als gängige Form der kommunikativen Auseinandersetzung.

Nicht anders als im 20. Jahrhundert. Haben wir seither nichts dazugelernt?

A: Josuas Rezept von der anderen Wange, die er in einigen Auseinandersetzungen hinhalten wollte, verpuffte angesichts der politischen und psychologischen Realitäten in der Geschichte. Doch er durchbrach das ungeschriebene Sozialisations-Gesetz, wonach geschlagene Kinder selbst meist wieder zu Schlägern werden.

Heißt das, er bezog ab und zu als Kind Prügel zu Hause?

A: Seinem Erziehungsstil nach war der einfache Handwerker Josef eher konservativ. Er langte schon mal kräftig hin, wenn er glaubte, eine Sabbat-Verletzung oder dergleichen Sünde zu entdecken. Maria war dagegen anders – ein Typ ›der Versöhnung durch das Wort‹. Aber was sage ich ›das Wort‹? In Wirklichkeit konnte Maria reden wie ein Wasserfall.

Unter seinen Jüngern befanden sich die unterschiedlichsten Charaktere und Temperamente. Konnte das denn auf Dauer gut gehen?

A: Sie haben recht, es war nicht immer ein ganz harmonisches Zusammenleben. Nehmen wir beispielsweise den damals noch etwas naiven, aber sehr gemütlichen Fischer Petrus, der seine Schwäche, etwas ängstlich zu sein, erkannte und auch behandelte. Oder den ungeduldigen Judas, der bei seinem Streben nach rascher Vollkommenheit die menschliche Schwäche der Gier an sich selbst entdecken musste.

Wie ging Jesus mit solchen latenten Konflikten um?

A: Die Schar der Jünger hatte eine eigene Gruppendynamik. Zwar gab es eine klare informelle Rangfolge, die nur zum Teil dem üblichen Kriterium ›Alter‹ folgte. Josua hatte durchaus seine Lieblinge, neben den Jüngern Petrus, Jacobus und Johannes gehörte dazu auch Maria Magdalena, die ihm sehr nahe stand. Doch scheint es mir eher so zu sein, dass seine ganze spirituelle physische und psychische Energie in seine Aufgabe als Botschafter einer neuen Welt jenseits von Macht, Gier und Gewalt floss.
Wie hat Jesus auf den Verrat des Judas reagiert?

Nun, er empfand es gar nicht als Verrat, dass sein Aufenthaltsort weitergegeben wurde. Schließlich wollte er sich ja gar nicht verstecken, sondern weiterhin die Öffentlichkeit erreichen. Nur der Zeitpunkt der Polizeiaktion war etwas unglücklich. War doch gerade Abendmahl mit den Jüngern angesetzt. Aber eines ärgerte Jesus am Ende doch: »Für nur 30 Silberlinge hast du die Obrigkeiten informiert«, begann er etwas grollend zu seinem Jünger Judas. »Bin ich dir wirklich nicht mehr wert?«

Womit er auf der Ebene der Politik selbst zum Konfliktherd heranwuchs. War er denn wirklich eine Art Reformer?

A: Mit seinem hierarchiekritischen Stil und seiner Gleichmacherei setzte er sich bewusst oder unbewusst zwischen alle Stühle. Den Revolutionären war er zu lasch und ihr Hosianna klang anfangs als eine Art Anfeuerung, später aber war es Ausdruck des Frustes. Den Konservativen war er zu innovativ, den Schriftgelehrten zu eigenwillig, den Mächtigen zu erfolgreich. Ich entsinne mich noch an eine Diskussion im Zentrum von Jerusalem, in der er den immer hitziger werdenden Pharisäern vorwarf, ihre Frauen zu unterdrücken, obwohl sie doch ebenso Geschöpfe Gottes seien wie die Männer.

Wie hielt er es dann mit der Ungerechtigkeit, dass die Bewohner Roms etliche Privilegien genossen, die den Untertanen aus der Provinz nicht zugestanden wurden?

A: Josua wollte zwar nicht an der menschlichen Hierarchie der unterschiedlichen Kompetenzen und Fähigkeiten rütteln und gab zu bedenken, dass natürliche Ungleichheiten – etwa der zwischen Tier und Mensch – von Gott gegeben hinzunehmen seien, dass aber die von Menschen gemachte Unterscheidung in gute und weniger gute kollektive Wesensmerkmale nur ein Ausdruck von Machthunger und eitler Selbstüberschätzung sei.

Wie reagierte er, als er das Ende nahen sah?

A: Das Ende war von ihm bis zu einem gewissen Grad provoziert worden, es überraschte ihn aber doch der Wankelmut der jüdischen Bevölkerung, die ihm nicht verziehen hatte, dass er sie nicht in den Befreiungskampf geführt hatte. Seine Theologie der spirituellen Selbstinterpretation als Sohn Gottes sollte wohl den Teil seines Scheiterns an der Aufklärung der Massen verdecken und einen neuen Impuls zur Verbreitung seiner Lehre schaffen – mit großem Erfolg, wie man heute weiß. Dass er dennoch in den folgenden Jahrhunderten an Popularität zeitweise von seiner Mutter noch übertroffen wurde, konnte er nicht ahnen – er hätte es ihr aber sicher gegönnt.

Es bleibt die entscheidende Frage: war er nun Gottes Sohn oder nicht ?

A: Ich bin nicht Jesus und weiß auch nicht alles. Wenn er

Gottes Sohn war, wie konnte er dann ruhig zuschauen, wie sich jahrhundertelang Menschen wegen genau dieser Frage den Kopf einschlugen. Umgekehrt ist er als Mensch umso mehr zu bewundern für seine weitsichtige, humane und konsequente Lebenssicht. Denn mit einem göttlichen Vater im Rücken wäre es kaum eine Kunst gewesen, mit ein paar göttlichen Ratschlägen und Wundern die Menschen äußerlich zu beeindrucken, ohne dass sie sich tatsächlich innerlich verändert hätten. Ohne die Unterstützung von oben zeigt sich erst sein wahres Genie.

Siebte Station: Tristan und Isolde
Liebescocktail on the rocks

Dr. Weber: »Die naturwissenschaftliche Forschung widmet sich neuerdings den Gefühlen. Leidenschaft wird zum Gegenstand von Labors, Schmetterlinge im Bauch sind ein Fall für Biologen. Mediziner erklären die geistige Verwirrung von Verliebten zum Nervenleiden. Für notorische Darwinisten dient die Sexualität einzig der Neukombination von Erbinformationen. Aber was der ganzen Naturwissenschaft bisher – zum Glück – noch nicht gelang, ist es, Liebesgefühle künstlich zu erzeugen. Aphrodisiaka wirken nur so lange, wie man an sie glaubt. Eros verschließt sich seiner chemischen Kopie.«

Dr. Frank: »Umso bemerkenswerter ist der magisch-pharmazeutische Kern der Tristan-Sage. Wer sich nicht von der Akustik der wagnerischen Musik ablenken lassen will, sollte die Geschichte der beiden Liebenden aus feindlichen Lagern – ein Thema lange vor Romeo und Julia – in Ruhe im Original einer alten Erzählung des mittelalterlichen Autors Gottfried von Straßburg ausführlich nachlesen. Der Zaubertrank mit Depot-Effekt, der dabei eine Hauptrolle spielt, sorgt angeblich für die Überwindung von Hass und die Umwandlung einer lockeren Paarbeziehung in ewige Liebe – bis dass der Tod sie scheidet und die Wirkung des Cocktails d'Amour dann etwas nachlässt.«

Dr. Lehmann: »Man kann sich vorstellen, was die heutige Pharmaindustrie für das Rezept ausgeben würde, ohne jedoch den Hass wirklich besiegen zu können. Branchenführer Pfizer zum Beispiel könnte die Pro-Baby-Pillen in der praktischen Kombi-Packung mit Potenzmacher Viagra anbieten. Der verständnisvolle Leser könnte einwenden, eine erektile Dysfunktion ist nicht zu vergleichen mit einer erotilen Seelenverwandtschaft, die auch durch noch so ausgefeilte Chemie nicht erzeugt werden kann – und natürlich hat sie recht. Aber die Pharmaindustrie macht sich ja anheischig, Depressionen weg zu zaubern: Tristesse à la Tristan, und keiner sieht den wahren Seelenzustand dabei.«

Denihs: »Kurz zum Inhalt: Tristan, ein vermutlich besonders tugendhafter und deshalb gelegentlich etwas trauriger Ritter, ist der klassische Held des frühen Mittelalters. Zur bestandenen Heldenprüfung gehört das Töten eines Drachen – weshalb die Biester inzwischen auch ausgestorben sind – sowie der Zweikampf mit einem anderen Helden, die minnigliche Werbung um eine noch unerschlossene Schöne (mit oder ohne Musikbegleitung), die Treue zum König (selbst wenn der selber ziemlich untreu war) und last but not least der Dienst an und für Gott. Der spirituelle Dienstleistungssektor war ja bekanntlich damals einer der wirtschaftlich am stärksten wachsenden Zweige. Weiterer Wachstumsfaktor war der Krieg (zumindest für den Sieger). Da es zu Ritterzeiten schon die ersten Panzer gab, kann man getrost von einer frühen Aufrüstung sprechen.«

Als Denihs eine Pause einlegt, ergreift Dr. Frank das Computer-Schaltpult und startet den Knopf ›Berichterstattung und Interpretation‹.

»Was erzählt uns die Geschichte?«, beginnt Denihs aufs Neue. »Morolt, der Schwager des Königs von Irland, war nach Cornwall gekommen, um einen Tribut einzufordern, den König Marke ihm schuldete - sozusagen als sein eigenes Inkassso-Büro. 30 schöne Knaben sollten als Geiseln gestellt werden. Aber woher nehmen und nicht stehlen? Da beschwor der bei König Marke als Vorstandsassistent für Jagdangelegenheiten arbeitende Neffe Tristan seinen Chef, den Tribut zu verweigern und die endgültige Entscheidung einem Zweikampf zwischen Tristan und Morot anheim zu geben. In dem Kampf siegte Tristan durch finalen K. o. Doch auch er bekam eine schwere Wunde verpasst und bevor er starb, sagte Morolt, dass sein Schwert vergiftet war. Morolts Leiche wurde nach Irland gebracht, wo der Held tief betrauert wurde – besonders von seiner Schwester Isolde und deren Tochter gleichen Namens. In Morolts Wunde fand man einen Splitter aus Tristans Schwert. Den nahm die junge Isolde an sich und bewahrte ihn. Der König aber erließ ein Einreiseverbot für alle Cornwalliser. Tristan schlich sich dennoch unter falschem Namen und falscher Nationalität ins Vertrauen der Iren ein. Seine Giftkrankheit wurde – wie es der Zufall so wollte – von eben jener Isolde kuriert.

Einige Zeit später: Irland und Cornwall vereinbaren einen Frieden, der durch eine Heirat auf höchster Ebene besiegelt werden soll. König Marke hat durch Tristans Schwärmerei schon viel Gutes über Isolde gehört. Tristan erhält den ehrenvollen Auftrag, die schöne Königstochter von Irland ihrem zukünftigen Ehemann Marke zuzuführen – gewissermaßen als Ersatz für einen Friedensvertrag.

Über das Werben i. A. (im Auftrag) kennt der Autor der Geschichte, Gottfried von Straßburg, noch manch schmückendes Detail. So beschreibt er genau, wie Tristan den Drachen tötet. Wie im Märchen war dieser sportliche Erfolg normalerweise mit der Hand der schönen Prinzessin verbunden. Doch will sich zunächst ein Konkurrent den Lorbeer an den Hut stecken. Tristan/Tantris streckt ihm die Zunge des erlegten Drachen heraus – ein beweiskräftiges Indiz. Isolde gefällt der Drachentöter: ›Alles, was ein Mädchen an einem Mann betrachten soll‹, schreibt Gottfried, ›das alles gefiel ihr an ihm gut und sie lobte es in ihrem Sinne.‹

Irgendwann entdeckte jedoch Isolde, dass das Schwert ihres Helden den geschätzten Onkel Morolt nach Utgard, der germanischen Version von Hades und Hölle, geschickt hat. Auch blieb der schlichte Buchstabentausch des angeblichen Herrn Tantris nicht verborgen. Zuerst reagierte Isolde mit Hass, doch in ihrem inneren Dialog zwischen ›Zorn und weiblicher Güte‹ (das ist heute Aggressivität und Libido), behält letztere die Oberhand – die erotische Anziehungskraft ist stärker als die familiäre Solidarität. Isolde: ›Er ist der Inbegriff eines Mannes.‹

Auf der Überfahrt nach Britannien trinken die beiden versehentlich den für Isolde und König Marke bestimmten Zaubertrank. Die beiden verlieben sich sofort unsterblich ineinander. Mit den Worten Gottfrieds: ›Sogleich war die Unruhe der Welt da, die Liebe, die allen Herzen auflauert ... ehe sie es bemerkten, stellte sie ihre Siegesfahne auf, sie (Tristan und Isolde) wurden eins und untrennbar.‹ In der Folgezeit brechen die Liebenden alle gesellschaftlichen und religiösen Gesetze und sogar den Treueschwur gegenüber dem König, nur um sich ganz nah zu sein. Gottfried: ›Isolde gab ihren Widerstand auf und handelte, wie es ihr bestimmt war.‹ Sex miteinander zu haben, klingt bei den roman(t)ischen Romanschreibern so. ›Beide schenkten ein und tranken das Süße, das aus dem Herzen kam.‹

Nach mehreren Verstrickungen und der Entlarvung durch den gehörnten König Marke, flieht das Liebespaar. Auf der Flucht erliegen sie einer Täuschung, infolge derer zunächst Tristan und gleich darauf aus Kummer auch Isolde stirbt.«

Dr. Frank: »Das Drama ist der Versuch, die Macht der Libido zwischen zwei Partnern zu einer ewig leuchtenden Liebesbeziehung hochzustilisieren. Das ist natürlich allemal romantischer als das Bäumchen-Wechsel-Dich-Spiel in anderen Dramen. ›Wo die Liebe hinfällt, da wächst kein Gras mehr‹, sagt der Volksmund.«

»Ein paar Jahrhunderte später«, so Dr. Lehmann, »wird dann ohnehin der durch zu enge Ritterrüstungen gebremste Sexualtrieb ganz durch die ritterliche Minne kaltgestellt, die auf das unerreichbare Buhlen per Lyrik und Gesang abhebt.«

Für alle Opern-Fans, die keine Karten für Bayreuth mehr erhielten, oder denen sie zu teuer sind, noch mal die wichtigsten Wagner-Passagen zusammengefasst:

Erster Akt: Schiff fährt. Passagiere mit Gruppenrabatt. Isolde sauer, mixt Sühne-Cocktail mit einer Prise Gift. Assistentin Brandaene tauscht aus gegen Cocktail Liebeszauber. Wirkung ist durchschlagend. Isolde und Tristan küssen sich und singen dabei (»Oh Wanne voller Wonne«, oder so ähnlich). Etwa eine Stunde Liebesgeflüster mit 100 Dezibel zwischen Bariton und Sopranistin.

Zweiter Akt: König jagt. Isolde klagt im hohen C: »Wo bist du, mein Geliebter?« Antwort: »Backstage.« König kommt nach Inflagranti (»Auch du, mein Sohn Tristan?«). König schäumt, Isolde träumt in höchsten Sopran-Tönen, kurzer Ringkampf – T. gegen Assistenzritter M. – mit schneidigem Gesang. Abgang.

Dritter Akt: Tristan tödlich verwundet. schleppt sich noch anderthalb Stunden durch die Szene. Trifft Isolde, deren Gesang ihm den Rest gibt. Verflucht den Liebeszaubertrank (»Zu Risiken und Nebenwirkungen fragen Sie ...«). König kommt, verzeiht, zu spät. Tristan tot, Isolde tot, fast alle tot, nur einer singt noch: Der König ist trist, weil ohne Tristan.

Aber es geht auch anders:

Das Tagebuch der Brandaene

Denihs liest mit weiblich klingender Stimme: »Ich versichere, und Gott ist mein Zeuge, dass ich nicht mit Absicht den Zaubertrank offen stehen ließ, damit Tristan und meine holde Isolde sich innig lieb gewinnen konnten. Andererseits, wenn ich es mir recht überlege, war das Ergebnis allemal besser, als wenn der alte Bock auf dem Königsthron davon genascht hätte. Aber die beiden Turtelchen waren ja so süß und leider auch so unvorsichtig, dass es über kurz oder lang zur Katastrophe kommen musste. Mein Fehler war es, dass ich einmal die Tür nach draußen offen stehen ließ und prompt der neugierige Herr Marlot vorbei stiefelte.

Aber der Reihe nach: Meine holde Isolde hatte entdeckt, dass ihr Besucher keine ganz reine Weste hatte. Er war genau genommen ein Triebtäter, der im Zweikampf unseren lieben Onkel Morolt um die Ecke gebracht hatte und dennoch sich an den gemeinsamen Hof von Isolde Sen. und Isolde Jun. wagte. Leider – oder zum Glück, wie man es sehen mag – war Tristan kein besonders begabter Buchstaben-Jongleur. Er machte aus Tristan schlicht Tantris als Pseudonym, worüber selbst ich als relativ kleines Licht stolpern musste. Doch die Reaktion meiner holden Isolde hat mich dann doch etwas überrascht: Sie tobte wie ich sie noch nie zuvor erlebt hatte. ›Ich bring den Kerl um, mit meinen eigenen Händen‹, schrie sie. ›Mich so hinters Licht zu führen! Schleicht sich bei mir ein als potenzieller Liebhaber und kommt dann mit seinem abgenudelten König daher – schämen sollte er sich.‹ Soweit das wörtliche Zitat meiner hochadligen Aufbrause.

Ich versuchte zu retten, was es zu retten gab. Tristan sei es nicht wert, dass sich eine Prinzessin die Hände schmutzig machen sollte, fing ich an zu argumentieren, doch bemerkte ich bei Isolde eine gewisse Verärgerung ob dieser Worte. Also wechselte ich die Strategie des Empeacements: ›Er hat ja doch sehr viel Mut bewiesen, dass er sich unter Lebensgefahr in deine Nähe traut – vielleicht auch ein Zeichen seiner Zuneigung. Außerdem solltest du auch daran denken, dass wir gerade dabei sind, das britische Kriegsbeil zu begraben. Wenn du Tristan umlegst, geht das ganze Theater von vorne los.‹

Wie so oft schon hörte die holde Isolde auf meinen Rat, und schließlich konnte sie Tristan dann noch auf ganz andere Weise ›umlegen‹. ›God save the king‹, wie wir Cornwaliser zu sagen pflegen. Aber dass ich Isolde vor König Marke retten musste, indem ich sein Nachtlager teilte, ist eine andere Geschichte, in der ich zwar mein neu entdecktes Talent als Schauspielerin entfalten konnte, aber zugleich meine Tugend und meine Hoffnung auf einen feurig-ritterlichen Ehegatten auf dem Altar der Freundschaft opferte.

Angesichts der Männer jener Zeit, die meist bibelfest waren, kam es nämlich darauf an, um jeden Preis jungfräulich in die Ehe zu gehen. Ich hatte bis dahin mein

Kleinod gut erhalten und wollte es nur demjenigen schenken, der mich dereinst zum Altar der lauteren Liebschaft führen sollte.

Was war der Grund für dieses Opfer, mit dem ich mich auch ein wenig meiner Schuldgefühle entledigte. Hatte ich doch auf dem Schiff, das uns mit Isolde zurück zu König Marke bringen sollte, das Zaubergetränk offen herumstehen lassen. Tatsächlich dachten die beiden Hass-Liebenden, es handle sich um schlichten Wein. Kaum hatten sie die vermeintlichen Früchte des Feldes genossen, schickten sie sich an, die Freuden des Bettes zu genießen. Isolde spielte hoch, ließ sie doch ihre Versiegelung aufbrechen – und tatsächlich: Es kam der Katzenjammer. ›Wie soll ich nur König Marke unter die Augen beziehungsweise die Bettdecke treten, er wird mich mit Schimpf und Schande als Gebrauchsmuster ohne Wert davonjagen.‹ Mir tat meine holde Isolde leid. War es doch für sie vielleicht ein noch größeres Opfer, Markes treue Gattin zu spielen, während ihre wahre Liebe im Vorzimmer zurückbleiben musste. ›Ich könnte doch‹, dachte ich laut nach, ›in der Nacht der Hochzeit deine Rolle übernehmen – schließlich bin ich, abgesehen von etwas Handarbeit noch ziemlich unberührt.‹ Isolde hatte meine fast geflüsterten Worte jedoch vernommen: ›Das würdest du für mich tun!?‹ Isolde, der ansonsten jeglicher Gunstbeweis als selbstverständlich erschien, floss über vor Dankbarkeit. ›Das werde ich dir nie vergessen‹, hauchte sie, noch nicht ahnend, dass sie dieses Versprechen in ein Verbrechen umwandeln sollte.

Gesagt, getan. In finsterer Nacht unter Ausschluss jeglicher Beleuchtungskörper, tauschte ich mit Isolde deren Nachtgewand, stylte ein bisschen die Haare im Isolde-Stil und täuschte damit den etwas unsensiblen König. Um Fragen nach dem ›Wie war es?‹ zuvor zu kommen: Es war weitgehend abstoßend, auch wenn ich zwischendurch mal etwas wie Lust empfand. Kurz vor dem ersten Schein der Morgenröte klopfte Absprache gemäß ein Diener, um den Kämpfern der ersten Nacht Wein zu kredenzen. Bei der Gelegenheit sollte der Wechsel von mir zu Isolde laufen. Und tatsächlich, es klappte. Marke rammelte ohne zu bemerken, wer unter ihm lag und der Morgen danach brachte hellen Sonnenschein, nur mir war ein bisschen übel.

Ich habe lange gezögert, die folgende Episode in mein Tagebuch aufzunehmen. Warf sie doch einen dunklen Schatten auf unsere schwesterliche Freundschaft und zum ersten Mal stellte sich mir die Frage, ob Treue und Gehorsam gegenüber Freundin und Königin tatsächlich wichtiger sind als die Gerechtigkeit vor Gott und den Menschen.

Der Mut der nächtlichen Hilfestellung hatte nämlich ein unangenehmes Nachspiel: Auch nach der erfolgreichen Hochzeit mit König Marke fragte mich Isolde immer wieder, ob ich über jene Nacht Stillschweigen bewahren würde. Schon die Frage ließ in mir die Galle hochsteigen. Vor lauter Ärger antwortete ich einmal unbedacht: ›Das Ende meiner Jungfräulichkeit war der Meilenstein zu deiner Ehe. Ich werde ihn nur dann verrücken, wenn er sich als unüberwindliches Hindernis für mein künftiges Glück erweisen sollte.‹ Das hätte ich wohl besser nicht sagen sollen, denn am nächsten Tag bat mich Isolde, in den Wald zu gehen und Pilze zu sammeln. Angesichts der unruhigen Zeiten stellte sie mir zwei Leibwächter zur Seite. Unterwegs gestanden sie mir, dass ihr eigentlicher Auftrag lautete, mich im Wald zu töten. Sie könnten jedoch keinerlei Schuld an mir entdecken. Ich sagte, ich kenne auch keinen Anlass für solch einen grausamen Schritt. ›Ich weiß nicht, wann wir einmal Streit gehabt hatten. Mir fällt nur jene Szene ein, bei der Isolde bei ihrer Hochzeit mein Brautkleid gegen ihr leicht vergilbtes tauschen wollte. Ich sagte damals ›Brautkleid bleibt Brautkleid‹ gab dann aber doch nach. Wenn das meine Schuld gewesen sein sollte ... dann tötet mich rasch, aber berichtet meiner Königin, dass ich bis zuletzt ihre treue Dienerin war.‹

Wir kehrten ohne Gewaltakt nach Hause zurück. Die beiden Leibwächter warfen sich vor Isolde auf den Boden und gestanden ihren Ungehorsam. Mit Tränen in den Augen hieß Isolde mich aufstehen und sagte: ›Ihr habt mir gezeigt, dass Menschlichkeit wichtiger ist als die Laune einer Königin. Und deine Liebe‹, begann sie zu mir, ›kannst du mir noch einmal verzeihen?‹ Unter weiteren Tränen fielen wir uns in die Arme.

In der Folge wurden die beiden bezaubernden Bettgenossen immer unvorsichtiger beim Ernten der Früchte des Zaubertranks. Ich hatte alle Hände voll zu tun, um eine Reise nach Inflagranti zu vermeiden. Marke war schon ein wenig misstrauisch, hatte doch Tristan seiner Zeit Isolde in leuchtenden Farben beschrieben. Jetzt, da er dieses Urteil bestätigt sah, erinnerte er sich an den alten Spruch: ›Wenn du eine scharfe Braut hast, lass keinen davon eine Scheibe abschneiden.‹ Doch wie überall gab es auch am Hofe Markes Neid und Missgunst. Der Berater-Stab des Monarchen warnte vor dem ›Kuckucksei in dem königlichen Bett‹. In anderen Zeiten hätte dies so manchen Berater den Kopf gekostet, doch Marke bemerkte selbst die Veränderung der einst fröhlichen Frau an seiner Seite.

Wie das Schicksal und meine Unachtsamkeit es so wollten, bemerkte Markes linke Hand Maarot den aktiven Beischlaf der Eros-Anhänger. Natürlich war der Teufel los, aber noch konnte sich Marke beruhigen. Er beschloss, Gnade vor Recht ergehen zu lassen und die beiden Sünder nur von seinem eigenen Land zu verbannen. Tristan zögerte noch, doch Isolde holte aus und schlug ihm eine gemeinsame Migration nach Frankreich vor (wo die Gallier – mit Ausnahme eines kleinen Dorfes – gerade von den Normannen abgelöst wurden). Ich unterstützte den Vorschlag, hatte ich doch einen Erbonkel in der Gegend von Reims. Er war von Beruf Erzbischof und hatte dadurch Beziehungen in alle Richtungen. Unter seinem Schutz entgingen die beiden Liebenden der Rache des Königs. Wir lebten in dem castellartigen Nest, wo ich seither die Kinder betreue und zur Treue erziehe. Die Kinder des Zaubertranks waren denn auch ganz bezaubernd, und hin und wieder sangen wir gemeinsam ›God save the king‹.«

»Das ist echt scharf«, kommentiert Petra die Geschichte. »Gott schützt die Liebenden.«

»Dann auf zur Prophylaxe!«, antwortet Dr. Frank. »Die Macht der Liebe, wie im Folgenden beschrieben, ist leider allzu oft die Ohnmacht der Liebenden – eingebunden in Moral, Tabus, Rollendenken und Regeln. Denihs, was sagt der virtuelle Raum dazu?«

Intermezzo: Die Macht der Liebe

Denihs beginnt mit einer kleinen Provokation: »Haben Sie heute schon geliebt? Die richtige Antwort bitte ankreuzen«, spricht er die Schüler an. »A. Ja, ich liebe ständig meine Familie. B. Nein, ich hatte heute noch keinen Sex. C. Ja, denn Gott ist die Liebe und ich bin sein Ebenbild. D. Nein, denn schon bei dem Wort Liebe wird mir übel, wenn man all das Elend in der Welt sieht und dass keine Nächstenliebe mehr existiert, jeder denkt nur noch an sich selbst und will nach oben ohne Rücksicht auf Verluste. Liebe in diesen Zeiten ist ein Luxus, den nur wenige sich erlauben können …«

»Denihs, bremse dich«, ruft ihm Dr. Frank zu. »Schließlich kennst du dieses Thema nur aus Second-Hand-Quellen.«

Spornstreichs kommt Denihs Replik: »Bin ich die Müllhalde für eure gebrauchten Gefühle?«

Dr. Frank: »Schon gut, aber fahren wir fort: Was ist Liebe?«

»Die Antwort des letzten Papstes Benedict XVI: ›Liebe darf nicht einfach in der Übermächtigung durch den Trieb gefunden werden.‹ Zwar dürfe der Leib nicht ›als bloß animalisches Erbe‹ abgetan werden, doch benötige der Eros ›Reinigungen und Reifungen, die auch über die Straße des Verzichts führen‹. Von Benedict von Nursia bis zu Benedict von Tittmoning an der Salzach zieht sich ein roter beziehungsweise toter Faden der Erosphobie (Angst vor Sex) durch die Kirchengeschichte.«

»Kennst Du Beispiele?«

Denihs: »Im 8. Jahrhundert beispielsweise waren es die Bußbücher aus Irlands Klöstern, die für einen Buß-Fahrplan von Sex und Liebe sorgten. Sie gaben vor, wann man – oder besser, wann man nicht – lust(ig) sein und mit wem man Verkehr haben durfte. Eine Vielzahl von Tagen musste dabei ganz sexfrei bleiben – wohl das erste Massenverhütungsmittel.«

»Sex und Liebe sollten eigentlich Menschen motivieren – als Motor für Fortschritt und Entwicklung«, betont Dr. Weber. »Der Freudsche Lebenstrieb als Gegenstück zum Todestrieb. Sex hat in der Geschichte der Menschheit mehr bewegt als alle anderen Motive, Geld vielleicht ausgenommen (das ist dann der Betrieb). Aber auch die wahre Liebe wird zunehmend zur ›Ware Liebe‹. ›Liebe.de‹ lautet die Domain eines Single-Clubs.«

»Und wo bleibt die Romantik?«

»Die berühmten Liebespaare der Geschichte hatten ihre jeweils individuelle Romantik«, erklärt Dr. Weber. »Manchmal war sie auch nur ein Roman-Tick eines gefühlvollen Autors. Die edlen Emotionen lassen sich aber nicht von den ›unedlen‹ der körperlichen Begierde trennen. Liebe ist etwas Ganzheitliches, das Körper, Geist und Seele vereint – sofern man an deren Existenz glaubt.«

»Nur die Kirche hat in ihrem Machtbereich stets einen kategorischen Trennstrich zwischen den Spielarten der

Liebe gezogen«, ergänzt Dr. Frank. »Folge: selbstauferlegte Enthaltsamkeit als Gott gefälliges Werk – Triebstau hin oder her.«

»Die Sankt-Jenseits-Experten der Heiligen Skala hatten klare Präferenzen für das gottgefällige Sexualleben«, wirft Dr. Lehmann ein. »Erster Platz: Völlige Enthaltsamkeit. Zweiter Platz: Ehesex zu den angegebenen Zeiten. Dritter Platz: Außerehelicher Sex. Vierter Platz: Ehebruch (gilt nur für die Frau). Hollywood als erste Tränendrüsen-Anstalt der Filmgeschichte hat die Romantik perfekt vermarktet. Doch auch in den Zeiten, bevor die Bilder laufen lernten, wussten Autoren und Autorinnen, große Gefühle zu Papier zu bringen – seien sie nun aus der eigenen Fantasie entsprungen oder tatsächlich historischen Ursprungs. Sie werden nun samt ihren Autoren gefriergetrocknet. Das Folgende ist eine Art kompostierte Kunst, aus der erst mit der Zeit Fruchtbares wächst.«

»Die Geschichte von Sex und Religion lehrt uns, dass beide aufeinander angewiesen sind: Die Unterdrückung von Amor durch Moral, wie es schon in dem Wort ›Amoral‹ zum Ausdruck kommt«, so Dr. Weber, »führt häufig zu Aggressionen als eine Art geistiger Verstopfung. Geschichte ist nicht eindimensional oder einemotional. Die zwischenmenschlichen Beziehungen lassen sich kaum auf einen Nenner bringen. Nach guter alter Sitte versuchte ich dennoch, die freudschen Wesensfaktoren Es, Ich und Über-Ich als Triebfedern des Handelns darzustellen, hin und wieder etwas karikierend. Das weibliche Gegenstück zum verführerischen Don Juan ist die Donna Juanita, etwas abwertend auch als

Nymphomanin bezeichnet. Überliefert sind nur relativ wenige Vertreterinnen dieser Gattung – sie wirkten lieber im Verborgenen. Denn auch für sie gilt: Was Jupiter Mann erlaubt ist, ist der Venus des Alltags noch lange nicht gestattet.«

»Das nenn' ich eine geraffte Abhandlung eines schwierigen Gegenstandes«, kommentiert Petra die Ausführungen von Dr. Weber.

»Das ist doch ganz einfach«, ergänzt eine andere Schülerin, »entweder man hat den Partner lieb und möchte stets mit ihm zusammen sein, oder es ist nur eine oberflächliche Gefühlsduselei. Dann kann man es auch genauso gut sein lassen.«

Dr. Frank: »In den meisten Kulturen war die Liebe nicht unbedingt der entscheidende Faktor zum Bund fürs Leben. Da wurde verbunden, was die Eltern bestimmten – sei es aus höheren politischen Weihen, sei es, um das Kapital zu maximieren. Aber wir kommen noch zu dem Punkt beim Kapitel ›Maria Theresia‹. Jetzt zunächst ein Blick in den Islam. Denihs, bitte.«

Achte Station: Fatima, Ali und Mohammed
Vorbilder der Nachkommen

Denihs: »Wir schreiben das Jahr 650. Europa erholt sich gerade vom Völkerwandern, China baut seine große Mauer und liegt mongolenmäßig auf der Lauer. Derweil veranstalten einige Beduinen auf der arabischen Halbinsel zwischen den ständig in Kriegen gegeneinander liegenden Stämmen die Gründung einer neuen Religion, die bis heute nichts von ihrer politischen Bedeutung verloren hat. Der Islam ist sicher nicht lahm, wenn es um die Eroberung neuer Gläubigen geht. Sie sind nach dem Propheten die Hauptheiligen der moslemischen Glaubensrichtung der Schiiten, Ali Ibn Abi Talib und Fatima oder wie sie mit vollem Namen hieß Fatima bint Muhammad ibn 'Abdallah ibn 'Abd Al-Muttalib ibn Hashim. Sie war eine der vier Töchter von Mohammed (oder auch auf Arabisch Muhammad). Ali war sein Neffe und zugleich Schwiegersohn. Mohammed liebte seine Tochter von all seinen Kindern wohl am meisten. Und nicht nur, weil sie ihm als Einzige zwei überlebende Enkel zur Welt brachte – Hassan und Husain.

Mohammed war das ganze Gegenteil jener historisch im sexuellen Vakuum schwebenden Akteure des Neuen Testaments. Eher vergleichbar war er seinen Berufskollegen, den Propheten der alttestamentarischen Abteilung, die seit Adam reichlich für Nachwuchs sorgten. Mohammed, ganz Mensch mit allen menschlichen Schwächen, war lange Jahre nur mit einer Frau verheiratet, der um 15 Jahre älteren Christin Chadidscha, mit der er drei Söhne und zwei Töchter, darunter Fatima, zeugte.

Nach dem Tod seiner ersten Ehefrau, Mohammed war etwa Ende 40, schien er einigen Nachholbedarf zu verspüren. Innerhalb weniger Jahre heiratete er einige weitere Frauen. Das war eine Art sozialer Versorgungsakt von alleinstehenden Witwen. Hinzu kamen einige Sklavinnen und Konkubinen als Partnerinnen. Eine nicht immer einfache Konstellation – konfliktträchtig insbesondere, als er die christliche Konkubine Maria ins Haus brachte. Doch aus all diesen späten Verbindungen entstanden relativ wenige Kinder, nämlich nur zwei weitere Töchter. Oder um es orientalisch auszudrücken: Der ›zweite Frühling‹ des von Allah auserkorenen Botschafters brachte zwar einige Blüten, doch sie trugen selten dauerhaft Früchte.

Von den bekannten insgesamt sieben leiblichen Kindern Mohammeds waren drei männlich und vier weiblich. Die Kindersterblichkeit war damals im heißen Klima des Nahen Ostens extrem hoch, denn ›heiß‹ war es sowohl metereologisch als auch militärisch. Doch die vier Mädchen überlebten die harte Kindheit, die drei Jungen starben jeweils im Babyalter, womit sich wieder beweist, dass weibliche Wesen zäher sind als männliche.

Der Prophet avancierte mittlerweile zum Bürgermeister von Medina. Im Nebenjob führte er Krieg mit den Götzendienern aus Mekka. Dort hatte man aus der polytheistischen Götterwelt eine Art pilger-touristisches Geschäft gemacht. Im Kampf gegen die Polys überfiel Mohammed ab und zu auch durchreisende Karawanen auf dem Weg dorthin – natürlich nur zur Selbstverteidigung. Die Biografen seines Lebens sprechen denn auch von einem Verteidigungsfall – zudem mit Allahs Erlaubnis per göttlicher Offenbarung. Mohammed verbrachte jedenfalls einen guten Teil seiner Zeit damit, sich mit freundseligen Menschen über die göttliche Botschaft des Koran zu unterhalten oder sich mit feindseligen Leuten vornehmlich aus Mekka zu bekriegen. Fatima war schon als Kind bei beidem meist dabei, zunächst als persönliche Schülerin und Praktikantin und später als Krankenschwester und jugendliche Beraterin des weisen Herrn Papa. So bekam sie schon früh einen Eindruck von der Aggressivität der Männer ihres Kulturkreises – vor allem dann, wenn Mohammed mit seinen Beduinen die heutige Pilgerstadt Mekka überfiel – natürlich nur als Revanche für seine frühere Vertreibung und als Akt der Mission. Der schwarze Stein der Kaba, eine Art Götzen-Altar und die Hauptsehenswürdigkeit von Mekka, wurde von Mohammed einfach islamisiert und zum eigenen Heiligtum erklärt. Die Pilgerfahrt dorthin ist eine zentrale Aufgabe jedes wahrhaft Gläubigen.

Trotz der vielen Stiefmütter und der Aktionen des Papas bewahrte sich Fatima (zu Deutsch: die Hochgelobte) ihr gutes Vater-Tochter-Verhältnis und ihr Herz für die Notleidenden. Selbst arm an materiellen Dingen erweckte sie bei manchem Mann Beschützer-Gefühle, aber auch Besitzer-Gefühle. Doch nur ihrem, im selben Haushalt lebenden Cousin Ali galt ihre ganze Liebe. Es war denn auch eine echte Liebesheirat zwischen Ali und Fatima mit dem Segen des Familienoberhauptes, während sonst in den meisten Fällen der damaligen Historie die Zweckmäßigkeit der von den Eltern gestifteten Ehe den Ausschlag gab.

Die Nachwelt verehrte Fatima als Heilige und gab ihr etliche Beinamen wie ›Die Wahrhaftige‹, die ›Gesegnete‹, die ›Reine‹ oder die ›Bescheidene‹. Aber wir wollen den Status Quo behalten.

Ali, der nach langen Kämpfen mittlerweile als Ersatz-Kalif Karriere gemacht hatte, arbeitete gemeinsam mit seiner Frau bis er mit etwa 40 Jahren ermordet wurde. Fatima musste vor und – wenn es die Seelenwanderung gibt – auch noch nach ihrem Tod mit ansehen, wie durch Geld religiöse Werte und Mann-Frau-Beziehungen zerstört wurden, berichteten die Chronisten. Sie engagierte sich auf fast allen Gebieten. Ihrem intelligenten Geist war kaum jemand gewachsen.

Auf Fatima berufen sich vor allem die Fatimiden, die sich als direkte Nachkommen ausgeben. Sie waren allerdings nur eine Gruppe von vielen, die sich in den folgenden Epochen bildeten. Doch Allah ist groß und Mohammed ist sein Prophet. Die Schiiten bezeichnen ihn und seine Nachfolger als Imame. Diese galten wie die Propheten als göttlich legitimiert, da sie als Sprachrohr Allahs und Mohammeds ein ansonsten schwieriges Kommunikationsproblem mit dem ›Weltenlenker‹ und seinem Propheten bewältigten. Aber Ali war auch ein Dichter und liebender Ehemann, der seine Frau in einem

Buch über sie verewigte.«

»In der Liebe und Emanzipation machten die islamischen Männer der folgenden Jahrhunderte – regional unterschiedlich – deutliche Rückschritte – gemessen an den Menschenrechten.« Dr. Weber lässt ihre Redner-Stimme erschallen. »Waren die vorislamischen Nomadenstämme fest unter Kontrolle der Frauen, mussten diese in den meisten islamischen Ländern akzeptieren, dass sie weitgehend rechtlos gegenüber dem Mann waren. Hatte er von ihr genug, verließ er sie einfach. Umgekehrt war das natürlich streng verboten. Sie durften keinen eigenen Besitz haben und bei der Trennung blieben die Kinder meist beim Vater.«

»Statt Zärtlichkeit und Rücksichtnahme gegenüber der eigenen Frau wie sie noch der erfahrene Prophet angemahnt hatte, galt ihnen vor allem der Beweis ihrer Potenz als wichtigstes Ziel einer Beziehung. Andere Männer waren stets potenzielle Rivalen, die Frauen pauschal sexsüchtig. Nur mit Blick auf diesen kollektiven Minderwertigkeits- und Potenzkomplex der islamischen Männerwelt lassen sich solche Auswüchse wie Schleierzwang und Genitalverstümmelung heute noch erklären.«

»Recht hast du, großer Geist im Computer.« Dr. Weber blickt erst auf Denihs, dann auf die beiden Doktoren. »Das Programm ist ziemlich frech aber mit Durchblick. Oder was meint ihr?«

»Erst noch 'ne Runde Kaffee?«

»Sehr gern«, antwortet Dr. Frank.

Denihs setzt sein Programm fort: »Dann begann Mohammed, Menschen um sich zu scharen. Alle wollten seine Geschichten hören oder lesen. In der Tat ist der Koran ein Ratgeber in allen Lebenslagen – allerdings aus der Sicht des siebten Jahrhunderts. Es ist möglicherweise nicht ganz auszuschließen, dass der eine oder andere gute Rat nicht mehr ganz in die heutige Zeit passt. Man muss heutzutage vorsichtig sein mit der Kritik am heiligen Buch des Islam – will man nicht unbedingt ein zweiter Salmann Rushdi werden.«

»Das war in den achtziger Jahren des letzten Jahrhunderts der Tester der kulturellen Toleranz iranischer Imame«, ergänzt Dr. Frank. »Testergebnis: Negativ.«

»Der Islam basiert auf dem geistigen Fundament von vier Verhaltensregeln für den täglichen Gebrauch», doziert Denihs: »Beten unter starkem Körpereinsatz, und zwar fünfmal am Tag (fraglich ist, ob sechs- oder siebenmal gegen die Spielregeln verstößt), weiterhin Spenden an Arme, Einhaltung des Fastenmonats Ramadan (keinesfalls eine Diät, im Schnitt wird im Ramadan mehr gefuttert als sonst – nur eben nachts). Schließlich gehört der Pilgergang nach Mekka zu den Pflichtaufgaben des Gläubigen. Der von Allah via ›Engel Gabriel Kurierdienst‹ an die Adresse Mohammeds gesandte Koran regelt zudem alles Weitere im Leben – vom Essen bis zur Erotik. Er besteht aus 114 mit Namen versehenen Suren, von denen 113 mit dem Satz beginnen: ›Im Namen Allahs, des Erbarmers, des Barmherzigen‹. Die Suren bestehen aus einer unterschiedlichen Anzahl angeordneter Anleitungen, um Allah wohlgefällig zu sein. Insgesamt besteht der Koran jedoch aus 6.236 Versen – ganz schön viel zum Auswendiglernen für kleine Muslims.

Anders als im Christentum wurde die Erotik nicht als sündhaft, sondern als Gott wohlgefällig angesehen, und Zärtlichkeit wurde dem Mann zur Pflicht gemacht. Im Laufe der Geschichte änderte sich diese Ausrichtung des Korans, genauer gesagt seiner Ausleger, um 180 Grad und die geistigen Wurzeln des Islam verkümmerten.

Zu den Reformen des Islam, die das zuvor anders gelagerte Recht ersetzten, gehört der Satz: ›Wenn der Mann den Entschluss gefasst hat, sich scheiden zu lassen (arabisch: talaq), muss er erst einmal warten, bis die Frau sich in einer blutungsfreien Phase befindet, in der sie keinen Beischlaf hatte. Erst dann darf er mündlich und in besonnenem Zustand die Scheidung aussprechen.‹ Er darf, sie nicht. Der Islam erlaubt es der Frau ebenfalls nicht, ›sich ihrem Mann ohne einen Grund sexuell zu verweigern‹. Er darf, sie muss. Auch in der islamischen Welt gibt es Prostitution, Pornografie und Oberschicht-Orgien. ›All das sind mehr oder weniger rein kulturgeschichtliche Phänomene‹, sagen die weißen Weisen, die nur marginal mit der Religion in Verbindung zu bringen sind. Als ob die Religion in den islamischen Staaten eine völlige kulturelle Randrolle spielen würde.«

»Ich muss zugeben, so ganz habe ich den Islam nie verstanden.« Petra blickt Dr. Frank fragend an.

»Dann lasst mal hören, wo es bei euch klemmt.«

»Trotz meiner Ignoranz in Sachen Religion«, fährt Petra fort, »möchte ich an die geballte Weisheit der Muslim gern eine Frage stellen: Wie pflanzen sich (Sex verdammende) Fundamentalisten eigentlich fort?«

Maggy ergänzt: »Wenn die Männer Angst vor ihrer eigenen Geilheit beziehungsweise vor der Unersättlichkeit der Frauen haben, weshalb darf dann eine Frau nicht mehrere Ehemänner heiraten?«

Und Klaus will wissen: »Der Dschihad, der heilige Krieg, wurde von den Muslims (ebenso wie von den Christen) mit großer Begeisterung proklamiert. Was war und ist daran eigentlich heilig?«

Petra möchte noch einen draufsetzen: »Im Zeichen allgemeiner Konzentration wäre es doch vielleicht sinnvoll, die drei globalen Mono-Gottheiten Jahwe, Gott und Allah zu fusionieren – zu einem einzigen Jolah.«

»Verlieren Gebete an Wirksamkeit, wenn der Muezzin auf dem Minarett einmal heiser ist?«, lautet eine weitere Frage der Schüler.

»Auch die Fahrt nach Mekka gehört zu den Pflichten eines gläubigen Muslim. Zählen dazu auch Pauschalreisen?«

Dr. Frank: »Bevor es hier jetzt völlig albern wird, ziehen wir besser weiter.«

Neunte Station: Schöne neue Welt – nur nicht für jeden

»Wir wollen noch einmal den engen römisch-katholischen Kulturkreis verlassen«, referiert Dr. Frank, »und uns dem Konflikt zwischen eingefleischten Theokraten und Dogmatikern anschauen. Es waren Millionen von Menschen, für die es sich um eine alte Welt mit traditionellen Riten, einem speziellen Verhältnis zur Natur und einer gewissen Bodenständigkeit handelt. Zugleich wirft die Geschichte ein bezeichnendes Bild auf das Verhältnis Frau und Mann – damals wie heute. Während die meisten Weißen aus Europa ihre Vorurteile gegen die ›Wilden‹ bereits mit sich brachten, gab es nur wenige, die bereit waren, von den ›Eingeborenen‹ zu lernen – zum Beispiel den Umgang mit der Natur. Die Wellen von Siedlern spülten aber auch manchen Kriminellen an die Ufer, dem zu Hause der Boden zu heiß geworden war.«

»Da bin ich ja gespannt«, sagt die jüngste Schülerin, die sich bisher sehr zurückgehalten hat. »Die Amerikaner seien stolz auf ihre Geschichte«, berichtet sie. »Wieso auch nicht? Für die Yankees beginnt die History ohnehin erst im Jahr 1595, als das erste Siedlerkind in der Neuen Welt zur selben kam. Manche wählen aber auch das Jahr 1607 als Startpunkt. Der erste dauerhafte Ort, Jamestown, wurde von den Neuengländern im Namen ihres Londoner Häuptlings James II gegründet. Die 10.000 Jahre indianischer Geschichte davor werden im Schulunterricht und den Medien aber meist unterschlagen. Die Aufarbeitung der indianischen Kultur wird den Wildwest-Filmen und den Groschenromanen überlassen.«

Dr. Weber: »Damals trafen zwei völlig gegensätzliche Kulturen aufeinander – und für die eine davon fiel das Treffen verheerend aus. Viel später wurde die interkulturelle Freundschaft zwischen einzelnen Weißen und Roten in romantischen Fantasie-Romanen und Hollywood-Schinken vom Schlage ›Lederstrumpf‹ vermarktet. So blieb die Zeit der ersten Landnahme und der ersten Massaker an den Ureinwohnern im rosaroten Licht der Heldenepos-Autoren.«

»Ein Beispiel ist der 60 Millionen Dollar teure Disney-Zeichentrickfilm ›Pocahontas‹«, so Dr. Frank. »Er stilisiert die junge Indianerfrau zu einer Art menschlichem Bambi. Die Beziehung zwischen dem veredelten John Smith und der vom Film altersmäßig über die Geschlechtsreife gehievten Indianerprinzessin ist ganz nach dem Geschmack vieler Gefühlskonsumenten. Kern der Legende ist der Rettungsakt der damals Elfjährigen, die sich angeblich in selbst zerstörerischer Liebe zwischen die indianischen Henker und ihr fast unschuldiges Opfer namens Smith warf. ›Angeblich‹, denn einzige Quelle der Information ist das biografische Buch, das John Smith etliche Jahre später veröffentlichte. Mal sehen, ob unser Alleswisser Denihs zusätzliche Informationen aufgetrieben hat«, gab Dr. Frank einen Teil seines eigenen wissenschaftlichen

Selbstbewusstsein preis.

Dr. Lehmann: »Geld regiert die Welt, heißt es, aber auch die Liebe hat ihre Enklaven in Mammon-Land. Doch die Mehrzahl der kriegerischen Auseinandersetzungen galten stets dem Ziel der Bereicherung. An zweiter Stelle der Kriegsgründe liegen die unterschiedlichen Glaubensrichtungen – mit Gott zum Mord! Evangelen gegen Katholiken, Muslims gegen Christen, Christen gegen Indios, Nordiren gegen Nordiren, der Dreißigjährige Krieg – jeder gegen jeden mit der Religion als Deckmäntelchen für die blutige Anhäufung von Beute.«

Denihs: »Zu den bekanntesten Sagenfiguren der amerikanischen Geschichte gehört zweifellos Pocahontas, die Tochter eines indianischen Häuptlings. Durch das Missgeschick eines gewissen Seefahrers namens Christobal Colon. Der fand die Colonialisierung nicht wie ursprünglich angepeilt in Indien statt, sondern in dem neu entdeckten Amerika, benannt nach einem venezianischen Kartografen. Die dort lebenden Einheimischen, gern als Indigena oder kurz Indianer bezeichnet, waren gar nicht so erbaut, von nun an in die Geschichtsschreibung der Bleichgesichter in der Rubrik ›entdeckt und erfolgreich ausgerottet‹ Einzug zu halten.«

»Eine Frage«, ruft Klaus in die Runde. »Weshalb sind die ganzen Siedler überhaupt in das wilde und unerforschte Amerika gekommen? Das war doch sicher keine Vergnügungsreise.«

Dr. Weber antwortet: »Aus religiösen Gründen. Sie wollten ihre eigenen Normen ungestört ausleben. Besonders bekehrenswert waren für die britischen Ableger des Schweizer Fundamentalisten Calvin die Puritaner. Rücksichtslos suchten diese nach Sündern und spionierten allem Unkeuschen nach.«

»Nur gut, dass wir Elektronengehirne stets keusch sind«, griff Denihs den roten Faden auf. »Auch die puritanischen ›Pilgerväter‹ hatten ihre anarchischen und archaischen Riten. Dazu gehörte die zelebrierte Inzucht unter den auserwählten Volksgenossen. Alt-Indianien wurde unter ihrem Siedlerehrgeiz zu Neu England. Aus den Anhängern einer ökologisch orientierten Naturreligion wurden Heiden. Aus den Agronomen einer angepassten Landwirtschaft und den geschickten Jägern mit nachhaltiger Tierpflege wurden Wilde – zumindest in der Terminologie des angeblich aufgeklärten Europas.«

Denihs: »In dieser verdrehten Welt zeigte die Häuptlingstochter Pocahontas (übersetzt: die Unartige) ethisch-humanistisches Verständnis und votierte im Fall des rechtskräftig vom Rat der Alten verurteilten Pilgervaters John gegen die Anwendung der Todesstrafe. Was sich im heutigen Amerika noch immer nach alttestamentarischen, drei Jahrtausende alten Moralvorgaben richtet – Auge um Auge und so weiter – ließ Pocahontas aus innerer Überzeugung und persönlicher Sympathie zur Retterin des hübschen Briten werden. Der zeigte sich nur begrenzt dankbar und verhinderte nicht, dass die Pilgerväter in ihrem missionarischen und expansiven Streben einen Vernichtungskrieg gegen die Indianer anzettelten. Pocahontas fand zwar später noch einen angenehmeren John, doch auch der nutzte ihre Liebe aus. Die Indianer scherten sich ihrerseits wenig um die vereinzelten Missionarsversuche, zumal sie die Hölle um keinen Preis mit den Engländern teilen wollten. Die Vereinnahmung ihres Landes und ihrer Religion durch das koloniale Himmelfahrtskommando schluckten die Indianer zunächst im Interesse friedlicher Koexistenz.

Smith, seines Zeichens Überlebensexperte, begann den Kontakt zu den Indianern aufzunehmen, insbesondere zum lokalen Oberindianer Wahunsonacookum, um mit ihm über Nahrungsmittel zu verhandeln ebenso wie über sein eigentliches Anliegen, der Suche nach Gold. ›Bei aller Gastfreundschaft‹, so König Wahunsonacookum, ›aber mit Gold können wir leider nicht dienen.‹ Smith war enttäuscht, verletzte sich zudem beim sorglosen Umgang mit Schießpulver und fuhr etwas angeschlagen zurück nach England. Pocahontas bekam von den Siedlern gesagt, ihr Freund sei mittlerweile gestorben.

Drei Jahre später nahmen die gewalttätigen Auseinandersetzungen der immer zahlreicher nachrückenden Puritaner mit den ungläubigen Eingeborenen weiter zu. Pocahontas versuchte zu vermitteln, wurde aber vorübergehend in Jamestown als Geisel gefangen genommen und lernte dabei einen anderen John kennen und lieben. Um der Liebe willen legte sie ihre eigene Kultur ab und schlüpfte in das unbequeme Kleid puritanischer Moden und Moralien. Der verwitwete weiße Tabakpflanzer John Rolfe wollte keine Heidin heiraten, also taufte man die mittlerweile Englisch sprechende Pocahontas und machte sie zu einer Rebecca.

In der folgenden Kaffeepause fragt Dr. Frank die Schüler nach ihren kindlichen Indianer-Spielen. »Am schönsten war der Marterpfahl und das Skalpieren von gefangenen Feinden«, erzählt Klaus, um rasch hinzuzufügen: »Natürlich nur im Spiel.«

»Der Skalp als grausame, typisch indianische Sieges-Trophäe«, erklärt Dr. Frank, »diese Sitte haben die weißen Europäer eingeführt. Aber ich aktiviere jetzt unseren virtuellen Super-Helfer – Denihs, übernehmen Sie.« Er startet den Computer mit der Taste ›Erzählung ohne Meinung‹.

Das Tagebuch der Pocahontas

Denihs: »Das Tagebuch, Seite 1. Wenn ich zurückblicke auf die erste Zeit der Begegnung mit den Weißen, so hat mich vor allem irritiert, dass sie als ihr oberstes Gebot die Worte jenes Buches bezeichneten, das sie Bibel nennen und das angeblich ihr ganzes Leben prägte. Ich frage mich, weshalb in ihrem Buche steht, ›alle Menschen sind vor Gott gleich‹, und sie uns dennoch manchmal wie Nicht-Menschen behandelten. Auch steht in ihrem Buch, der Mensch solle sich die Natur Untertan machen. Also sind sie die Könige und die Natur das gemeine Volk. Aber selbst Könige, wie sie ihre Häuptlinge nennen, hätten sich gut um ihre Untertanen gekümmert. Gehen sie auch mit der Natur so fürsorglich um?

Ich kann heute noch immer nicht ganz verstehen, wie Land, also der Boden, auf dem alles wächst, einem Menschen als alleiniger Besitz gehören soll. Kann ich die Luft besitzen, die wir alle atmen, oder den Regen, der vom Himmel fällt? Das gehört ebenfalls niemandem oder höchstens allen gemeinsam. Die Bibel, ihr Katalog des Erlaubten und Verbotenen, untersagt ihnen auch, andere Menschen zu hassen und zu töten. Ihr Gott hat allerdings viele Gesichter – mal streng lässt er die Blutrache gelten, mal freundlich fordert alle auf, als Brüder und Schwestern sich zu lieben.

Mein Volk und ich selbst auch werden oft gefragt, weshalb wir den immer zahlreicheren weißen Siedlern nicht unser traditionelles Land überlassen und weiter der Abendsonne entgegen ziehen? Dort gebe es doch noch unberührte Natur mit vielen Tieren und Pflanzen. Wenn ich von unserem Gebiet spreche, dann meine ich das Land, wo unsere Ahnen begraben sind und ihre Geister über ihre Gräber wachen. Wir können sie doch nicht einfach allein lassen und unsere heiligen Stätten verlassen. Die Weißen nennen manche ihrer Vorfahren Heilige, weil sie den Armen, Schwachen und Kranken geholfen haben. Das ist für uns etwas ganz Selbstverständliches, was keiner besonderen Würdigung bedarf.

Die Weißen haben viel von uns gelernt – zum Beispiel, welche Pflanzen für welche Krankheiten als Medizin dienen. Umgekehrt haben sie uns nur gelehrt, mit welchen Waffen man leichter seine Feinde umbringen kann. Durch meine Reise nach England habe ich aber auch viel gelernt und kann die Weißen nun besser verstehen. Sie wohnen gern in Städten wie London. Das ist eine unendliche Reihe von steinernen Gebäuden. Aber wenn man den ganzen Dreck sieht, den Gestank, die vielen Bettler auf den Straßen, die rücksichtslos fahrenden Pferde-Kutschen und die eilig hastenden Menschen, so frage ich mich, was das von den Weißen gern benutzte Wort ›Zivilisation‹ tatsächlich bedeutet.

Dabei waren unsere ersten Kontakte ganz freundlich. Ich war damals elf Jahre alt und stand kurz davor, einen Lebenspartner auszuwählen. Eine Gruppe von drei Männern tauchte plötzlich bei uns auf. Sie hatten langes blondes Haar, aber dunkle dichte Bärte. In den Händen hielten sie lange Flinten, deren Zweck wir zuerst nicht kannten. Obwohl es damals recht warm war, trugen sie lange feste Mäntel. Und auch uns brachten sie etwas kürzere Jacken aus dem warmen, aber kratzigen Stoff als Geschenk. Sie wollten dafür von unserem Saatgut für den Mais- und Getreideanbau etwas abbekommen. Was es mit den Flinten auf sich hatte, zeigten sie uns sofort. Sie schossen auf einen Kürbis, der auf einer Stange steckte und in tausend Stücke zerplatzte. Dabei gab es einen Knall, dass wir glaubten, der Gott des Donners sei soeben auf die Erde niedergefahren.

Ganz überraschend kam der Besuch der Weißen nicht. Eine befreundete Sippe, die nahe der Meeresküste lebt, hatte die Ankunft eines großen hölzernen Bootes gemeldet und berichtet, dass daraus seltsame Menschen entstiegen. Oder waren es etwa böse Geister? Wochen später berichtete einer unserer Späher, es müssten wohl doch nur Menschen sein. Denn sie hatten ganz einfache Holzhütten gebaut, die auf keine besonderen Fähigkeiten von möglichen Geistern schließen ließen und vermutlich beim ersten Sturm zusammen brechen würden. Doch noch wussten wir nicht, ob sie im Namen Manitus als Boten einer neuen besseren Welt zu uns kamen. Aber es schien nicht so, dass durch sie die Wälder tierreicher, die Flüsse fischreicher und die Böden fruchtbarer werden würden – ganz im Gegenteil.

Alle paar Jahre gab es in unseren Jagdgründen eine Dürre, die die Maisernte zum Teil nur spärlich ausfallen ließ. Wir verlegten unsere Aktivitäten in dieser Zeit mehr auf die Jagd und den Fischfang – in der Hoffnung, im nächsten Jahr den Gott des Maises gnädig zu stimmen. Dazu dienten spezielle tagelange ›Sonnentänze‹ zu seinen Ehren. Die Weißen kannten solche Tänze nicht und mussten deshalb nach jeder Missernte hungern.

Einer der weißen Häuptlinge jagte auf unseren heiligen Gräbern im Tal der Toten, obwohl wir sie gewarnt hatten. Unsere Späher nahmen ihn gefangen. Dabei verletzte er einen von ihnen mit dem Messer. Der Rat der Alten beschloss, dass der Weiße sterben müsse. Mein Vater war dagegen. Er war zwar Häuptling unserer Sippe, doch hatte er im Rat der Alten auch nur eine einzige Stimme. Seine Warnungen vor einem Ausbruch der Feindseligkeiten blieben – nicht ganz – ungehört. Ich hatte gehört, wie mein Vater in seinem Zelt darüber gesprochen hatte.

Als sie den Weißen mit dem Namen John zum Opfertisch führten, bekam ich plötzlich tiefes Mitleid mit ihm. Schließlich hatte ihn doch nur der Hunger in unser heiliges Land geführt. Ich brach mit der Regel, dass Frauen und Kinder wenig zu sagen haben und stellte mich schützend vor John. Zum Glück fiel mir das einzige Argument ein, das die Alten noch umstimmen konnte: Die Geister unserer Ahnen möchten sicher nicht, dass in ihrem Namen Krieg geführt werde. Wenn die Alten des Rates sich selbst über kurz oder lang zu ihren Ahnen gesellten, würden sie womöglich den Zorn der Geister darüber zu spüren bekommen. Der Rat der Alten setzte sich noch einmal zusammen und beschloss nun, John freizulassen. Er sollte aber dem Verletzten als Entschädigung drei Biberfelle schenken. John blickte mich voller Dankbarkeit an, obwohl er von meinen Worten kaum etwas verstanden hatte. Dass er später überall herum erzählte, ich hätte aus Liebe zu ihm seine Freiheit bewirkt, stimmt allenfalls zur Hälfte. Natürlich mochte ich den gut aussehenden, großen Weißen, doch ging es mir bei meiner Tat tatsächlich auch um den Frieden zwischen ihnen und uns. Im Übrigen scheinen die Weißen mit dem Wörtchen ›Liebe‹ schnell bei der Hand zu sein.

Als ich Jahre später die Nachricht erhielt, John sei gestorben, weil er unachtsam mit jenem Pulver umging, mit dem die Weißen den Donner und den Tod herbei zaubern können, war ich doch ziemlich traurig. John war zwar immer fest in dem Glauben gewesen, etwas Besonderes zu sein. Für mich war er aber tatsächlich etwas Besonderes. Ich träumte manchmal davon, seine Squaw zu sein. Schließlich war er von einer Statur wie allenfalls die Besten unter unseren Kriegern. Doch John war immer viel zu beschäftigt, um einer kleinen Indianerin mehr als nur eine lockere Freundschaft entgegen bringen zu können.

In Wirklichkeit war er bei dem Unfall offenbar nur verletzt worden, was ich bei einer zufälligen Begegnung im fernen England erfahren musste. Ich war enttäuscht, dass er mich ohne weiteren Kontakt im Glauben gelassen hatte, er sei in die ewigen Jagdgründe gegangen.

Überhaupt scheinen die englischen Pilger-Väter, die mit John zusammen gekommen waren, der festen Überzeugung gewesen zu sein, von ihrem Gott auserwählt zu sein als etwas Besonderes. Ich habe nie verstanden, wie die Pilger-Väter zu dieser Überzeugung gelangen konnten. Nachdem ich noch andere Weiße kennenlernte, war ich der festen Meinung, dass an den Freunden von John allein ihre Überheblichkeit das Besondere im Vergleich zu anderen Weißen war.

Das gilt nur bedingt für einen anderen John. Ich lernte ihn in der Stadt kennen, die die Weißen nach ihrem Oberhäuptling Jamestown nennen. Im Gegensatz zu anderen Siedlern sah er in seltsamen Kleidern und mit seiner gepuderten Perücke nicht sehr lächerlich aus. Nach Jamestown war ich nicht ganz freiwillig gelangt. Die Weißen wollten, dass ich mit meinen frisch erworbenen Sprachkenntnissen ihnen stets zu Diensten sein sollte – wenn es um den Kontakt zwischen beiden Völkern ging. Außerdem war ich eine ›Geisel‹, um die Friedfertigkeit der Indianer zu erzwingen. Erst später erfuhr ich, was das Wort ›Geißel‹ bedeutet. Hätte ich das schon früher gewusst, wär ich ihnen rasch davon gegangen. So aber sah ich es als eine dankbare Aufgabe an, die Kontakte zwischen beiden Seiten zu intensivieren. Leider war die Wirkung dieses Bemühens gering, wie ich später bei den Kriegen der beiden Völker erleben musste.

Als der Mangel an Lebensmitteln immer schmerzhafter wurde, verhielten sich die Weißen immer angriffslustiger. Schließlich tauschten sie mein Leben gegen einen Sack Mais. Eigentlich hatte ich geglaubt, doch etwas mehr wert zu sein. Während mich die anderen Weißen ziemlich herablassend behandelten, hatte der zweite John stets ein nettes Wort parat, wenn wir uns begegneten.

John Rolfes war selbstständiger Tabakpflanzer. Ich verstand, dass Tabak gut für eine Friedenspfeife diente. Und die versuchten wir beide am Glühen zu halten. Leider musste er geschäftlich nach London und er fragte mich, ob ich nicht mitkommen wollte. Die Neugier auf eine Stadt, in der viele tausend Menschen friedlich zusammen lebten und jeder das Jagdrevier des anderen respektierte, das bewegte mich schließlich zu der Reise. Vorher mussten wir aber noch rasch heiraten – andernfalls hätte ich John Rolfes in seiner Heimat Schwierigkeiten bereitet. Für mich war dies ohnehin nur ein formaler Akt, der nur dem tatsächlichen Geschehen und den wirklichen Gefühlen zwischen uns seinen Segen gab.

Es war dann ein kleiner Schock für mich, die lauten, schmutzigen Straßen mit ihren zerlumpten Kindern oder auch den vielen erwachsenen Bettlern zu erleben. Daneben fuhren edle Kutschen von zwei oder vier Pferden gezogen ohne Rücksicht auf uns Fußgänger mit ständigem Eiltempo durch die schmalen Gassen Londons.

In den folgenden Wochen wurde ich von den wohlhabenden Bürgern der Stadt wie ein Wundertier herumgereicht und begutachtet. Mein Englisch wurde zusehends besser, sodass ich nun daran denken konnte, meine Erlebnisse aufzuschreiben – um nach Verständnis bei den Nachkommen der beiden Johns und allen anderen ›guten‹ Weißen zu suchen.

Die feine Londoner Gesellschaft, die nebenbei noch Wetten auf alles Mögliche abschloss, war etwas enttäuscht über meinen Wunsch, in meine sehr vermissten Wälder zurückkehren zu wollen – als Christin unter all den Heiden, die doch meine Familie, mein Clan und zugleich mein Stamm waren, an den ich mich stets anlehnen konnte. Jetzt liege ich stattdessen in Rolfs Bett in London und in mir brennt es wie Feuer. Sollte dies das Ende meiner mutigen oder besser gesagt, vermessenen Reise ans andere Ende der Erde und der Kultur bedeuten? Ich hatte offenbar eine jener Krankheiten, die immer da auftreten, wo viele Weiße auf engem Raum zusammen existieren. Damit endet möglicherweise meine Lebensgeschichte, die mich im Alter von elf bis derzeit 22 Jahren mit Glücksmomenten und zugleich anderen, weniger glücklichen Gaben versorgte. Wenn es stimmt, was die Weißen behaupten, dass erst ein neuer Krieg darüber entscheiden könnte, wem das Land mit dem Namen Virginia (die Jungfräuliche) in Wirklichkeit gehört, bin ich fast schon froh, dass ich meiner mir zugedachten Rolle als Friedensstifterin nicht nachkommen kann. Sollte unsere Natur und ihre vielfältigen Geisterwesen das alles ohne Widerstand mit sich geschehen lassen? Ich fürchte, es wird noch sehr viel überflüssiges Blut zwischen unseren Völkern fließen.

Ende des Tagebuchs.«

»Sie muss ganz schön geschockt gewesen, sein als sie nach England kam«, meint Petra.

»Sie hatte sich relativ rasch angepasst«, entgegnet Dr. Weber, »aber wohl nur oberflächlich. Jedenfalls passte sie nicht in das gängige Bild einer Wilden.«

»Vor allem erkannte sie die Scheinheiligkeit der guten Bürger«, betont Dr. Lehmann. »Sie beriefen sich ständig auf die Bibel und ihr Dogma ›Liebe deinen Nächsten‹. Aber warum gibt es dann so viele Bettler und Kriminelle in einer Stadt wie London?«, lautete ihre Grundfrage.

Intermezzo: Der Bürger

Denihs: »Den Bürger gibt es auf freier Wildbahn als Klein- und als Groß-. und schließlich auch als Mit-Bürger. Letzteres hat oft die Bedeutung, dass man mit ihm nicht viel zu tun haben will, mithin Bürger zweiter Klasse: Der Bürger bürgt für Sittenstrenge und Moral – jedoch eher oral als real – und isst gerne gut bürgerlich. Bei Karl Marx nennt sich der Bürger Bourgeois – in der Beschimpfungsliste steht er gleich hinter dem ordinären Kapitalisten.

Der Bürger lebt zwar nicht mehr in einer Burg – sonst hieß er ja auch Burger –, baut aber seine Wohnung gern zu einem Bürglein aus: my home is my little castle, hieß es in der Zeit des unsozialen Wohnungsbaus oder wie der Römer sagt: Civis romanum sum. Der Bürger geht sonntags in die Kirche und montags zur Prostituierten. Er heiratet standesgemäß, das hieß im Mittelalter und im alten Griechenland keinen Pleps, keine Ausländer oder anders Gläubige. Heutzutage spielt die Religion nur noch eine untergeordnete Rolle. Dagegen hat der Bürger in Uniform als eine Art Bürger-Lehrling die Chance zum Bürger-Meister aufzurücken.

Die Bürger unterschieden sich vom einfachen ›Einwohner‹ durch besondere Bürgerrechte, das heißt Privilegien und Besitz. Das unterscheidet ihn aber auch von der Bürgerin, die stets nur wenig zu sagen hatte.

Der Alteingesessene, durfte im Gegensatz zum Zuagroasten (Bayer mit Migrationshintergrund), Gast, Frau oder Bundesgenossen (Socius) an der Wahl teilnehmen, wobei die einzelne Stimme abhängig von Vermögen und Wahlbezirk unterschiedliches Gewicht hatte. Im Gegensatz zum freilaufenden Bürger ist der lohnabhängige Bürger ein Arbeitnehmer, Proletarier und Steuerzahler.

Zehnte Station: Gretchen und Faust
Macho mit Moral

Dr. Frank: »Wir gehen nun zu der wohl bekannteste Figur des klassischen Theaters in Deutschland: Doktor Faustus. Ich fang mal an wie in einem Märchen: Es war einmal ein deutscher Dichterfürst. Bei ihm wurde das angeblich schwache Geschlecht regelmäßig noch schwächer. Er konnte aber auch allerliebst romantische Liebeslieder dichten, sodass die Friederikes und Charlottes nur so dahin sanken. Dem Dichterfürst gelang bei seinen Streifzügen diesseits und jenseits der Alpen denn auch manche schöne Eroberung, die ihn jedes Mal ungeheuer poetisch inspirierte. Und wenn er nicht im hohen Alter gestorben wäre, so dichtete er noch heut. Irgendwann kam auch der Autor so mancher erlebten oder erfundenen Damen-Dramen ins Rentner-Alter. Da blieben die Erfolge an der Sex-Front nach und nach aus. So konnte er bei einer 16-Jährigen Margarete nicht landen – obwohl er doch nur fünfmal so alt war wie sie. Einen himmlischen oder notfalls auch höllischen Beistand hätte er sicher gut gebrauchen können. ›Vielleicht schickt mir Teufel oder Gott ein Wunder als Zeichen, dass der Deal zwischen ihnen und mir gilt. Dann werde ich auch wieder an sie glauben.‹

Aber das Problem dabei war, dass der Dichterfürst selbst weder an die eine Macht noch an die andere so richtig glauben mochte. Also schuf er einen Magier namens Mephisto als eine Art künstliches Mittelding zwischen den spirituellen Instanzen oben und unten. Nach außen war er der Vertreter der Hölle, Abteilung Öffentlichkeitsarbeit, zugleich war er aber auch ein Symbol für missionarisch-geschäftlichen Misserfolg, denn nach eigener Aussage gehört Mephisto der Macht an, die stets das

Böse will und doch nur stets das Gute schafft …«

Dr. Lehmann: »Aber da wir noch immer nicht genau wissen, was tatsächlich gut und was böse ist, habe ich mir erlaubt, den Sprachstil Goethes um 200 Jahre nach vorne zu verlegen. Das klingt dann etwa so, als ob Denihs lyrisch werden würde.«

»Ihr werdet es noch erleben«, gibt Denihs trotzig zurück, »dass die wahre Kunst nur noch aus dem Computer kommt.«

»Ich schalte mal den Computer um auf ›Referieren ohne Meinung‹«, unterbricht Dr. Frank den kleinen Schlagabtausch. »Los geht's!«

Szenenbild Spaziergang:
Faust: Wenn ich sie so sehe, da hüpfen meine Eier, mein Hirn ist auch schon fast am Arsch.
Mephi: Du willst sie poppen, die ewig alte Leier. Dann wollen wir mal – los geht der lange Marsch.
Faust: Diamanten seien ja der Frauen bester Freund. Mal sehn, ob's klappt. Ich bin schon hip und hi, mit ein paar Klunkern lässt sich leichter anbaggern wie mir scheint. Falls das nicht geht, sag ich lieber bald good bye.
Mephi: Ein süßes Rotbäckchen wie es im Buche steht, möcht zu gern wissen, wohin die Lady geht.

Szenenbild Garten:
Grete zu Marthe: Na ganz so übel war der Typ gerade nicht. Ist wohl ein Uni-Prof mit dicker Kohle satt. Ich selber bin ja doch kein allzu großes Licht,

hab ich nur zehn, so hat er über hundert Watt.
Faust: Ganz toll, ich rieche schon ihren süßen Duft.
Mephi: Es scheint, ein leckerer Nachtisch soll uns locken, Frühlingsgefühle wabern durch die Luft. Ich mach mich lieber auf die Socken, denn schon naht sie, frisch aus der Seelen-Wäscherei. Du kannst ja jetzt nicht mehr so viel verbocken, vom Kirchgang schnurstracks eilt sie herbei.

Szenenbild: im Biergarten
Gretchen: Mensch Heini, du hast echt was auf dem Kasten
Faust: Warst immer nur daheim, ich kann dir viel berichten.
Grete: Dann komm in unsere Kneipe statt zu fasten.
Faust: Ich liebe scharfe Essen und Geschichten.
Mephi: Glück in der Liebe lässt uns wieder mal nicht rasten.
Faust zu Mephi: Ist sie nicht wirklich eine geile Braut?
Grete zu Faust: Es gibt Frankfurter mit Brot und Sauerkraut.
(Faust und Grete endlich allein.)
Faust zu Grete: Hast du noch Verwandtschaft, mein liebes Kind?
Grete: Hab Mutter und Bruder und hab sonst auch noch Gott, mein Papa und Schwester schon verstorben sind.
Faust: Bist du etwa 'ne Nonne, erzähl keinen Schrott.

Mephi zu Marthe: Die zwei scheinen zueinander zu passen.
Marthe zu Mephi: Du scheinst ein nettes Kerlchen auch zu sein, ich möcht am liebsten dich nicht mehr weggehen lassen.
Mephi: Zum Teufel mit den ganzen Liebesduseleien, ich möcht dich lieber nicht zu hart anfassen.
Grete: Heinilein, komm mit zu unserem Gartenschuppen, da können wir – wie heißt es doch – zusammen puppen.

Szenenbild: Wald und Höhle
(Faust und Mephi beim Joggen im Wald)
Faust: Dass ich das im Alter noch einmal erleben darf. Hatt schon geglaubt, mir bliebe nur die geistige Potenz. Doch diese Maggy macht mich noch mal richtig scharf, ich glaub, ich krieg gerade meinen zweiten Lenz.
Mephi: Der Trieb treibt schon die späten Frühlingsblüten, doch soll man sich vor zu viel Bindung besser hüten.

Szenenbild: Gretchens Stube
Grete: Ich weiß nicht, was soll es bedeuten
dass ich so konfus heute bin.
Der Typ gehört doch zu den Leuten
mit nur 'nem One-Night-Stand im Sinn.
Doch nehm ich zum Glück ja die Pille,
drum, Herr, es geschehe nun Dein Wille.

»In den Stücken des Dichterfürsten spielen die Schauspieler in doppelter Hinsicht verschiedene Rollen«, betont Denihs. »Als Darsteller und als Vertreter eines Geschlechts. Frauen ziehen in Konfliktfällen meist den Kürzeren, lautet eine These, die zum Glück langsam aber sicher an Bedeutung verliert. In seiner Faust-Tragödie kommt dieses Rollenspiel deutlich zum Vorschein. Faust, der Macher, der Mann, der alles kann – nur nicht seinem Leben einen Sinn geben – und deshalb auf den ›Psychiater‹ Mephisto setzt. Bei seiner Psycho-Tour geht schon mal die Unschuld flöten – nicht bei ihm, sondern bei seinem Macho-Opfer Gretchen.

Wie man die Faust ballt, um Ungemach abzuwehren, wird im Dialog zwischen Faust und Gretchen deutlich. Ziel ist es, aus der Vergangenheit für die Zukunft Wege zu finden, wie Mann und Frau gewaltfreier miteinander umgehen können. Bei der Hexenverbrennung zu Ur-Fausts Zeiten, spielten die eingeübten Rollen eine entscheide Position, während die damaligen – aufgeklärten – Wissenschaftler häufig den Konflikt mit der mächtigen Kirche scheuten.«

Klaus brennt es auf den Nägeln, das Stück zu kommentieren: »Also, ich find die Neufassung verständlicher. Aber es grenzt wohl an Gotteslästerung, so mit einem Goethe-Werk umzugehen.«

Marthes Tagebuch

Denihs als Marthe: »Hab lang geglaubt, sie hätt den Richtigen gefunden, ein Mädchen schwängern deucht es mir. Zu hoffen bleibt, er ist nicht fest gebunden, sonst helfen können nur allein wir vier.

Ich habe die Unterhaltungen aufgeschrieben, soweit es um ihr eigenes Leben ging. Irgendwie fühl ich mich aber ein wenig mitschuldig. Dabei hab ich dem jungen Glück nur ein bisschen nachgeholfen, indem ich meinen Garten zum Turteln zur Verfügung stellte. Aber Gretchen wollte es ja auch selber so. Die musste doch wissen, was dabei herauskommen kann. Die erste Anmache von dem Herrn Professor ließ sie ja noch abblitzen: ›Hey Alder‹, sagte sie zu ihm, ›ich steh nicht so auf Gruftis, also mach mich nicht an – brauche weder Aufpasser noch Anfasser.«

Ich muss gestehen, ganz verstanden hab ich damals nicht, was sie alles zu ihm gesagt hat, aber umgekehrt hat er sich ja auch nicht klarer ausgedrückt. Jedenfalls gestand sie mir am nächsten Tag, dass sie ihn so übel gar nicht mal findet. ›Er hat so was Würdiges – wie der Geheimrat aus Weimar, der neulich hier war. Nur Euer Mephi ist mir nicht besonders sympathisch – er hat so was, wie soll ich sagen, Diabolisches.‹ Ich widersprach ihr, was Mephisto anbelangt.

Wie auch immer, dem Kinde muss geholfen werden. Ich bin schon überall auf der Suche nach diesem sauberen Herrn Faust. Er gibt zwar an, mit seinem Schulwissen, aber von Herzensbildung hat er offenbar keine Ahnung. Hab ja jetzt von einem Nachbarn einen Tipp bekommen. An der Universität von Leipzig soll er sich öfter herumtreiben. Mal sehen, wenn ich mein Erspartes anknabbere, könnte ich die Kutsche nach Leipzig nehmen – schließlich schlag ich dort zwei Fliegen mit einer Klappe: Ich kann etwas über den Tod meines Mannes vor Kurzem in Erfahrung bringen, und ich kann versuchen, Faust als Ehrenmann zu packen, damit er etwas mit Gretchen unternimmt.

Was muss das dumme Ding sich auch gleich schwängern lassen, hätte ja auch ein wenig achtgeben können. Aber so ist es mit der Jugend von heute, Sonntags gehen sie brav in die Kirche und beichten und werktags sorgen sie dafür, dass die Beichte genug Stoff bekommt. Wie sagt unser Pfarrer immer: O tempora, o mores. Soll wohl so viel heißen, wie: ›Es wird Zeit, dass die Sitte kommt.‹ Aber was soll's, vielleicht bin ich ja auch nur neidisch auf das, was im Garten passiert ist. Manchmal juckt es mich ganz schön, deshalb muss ich bald mal wissen, ob ich nun noch Ehegattin bin oder schon Witwe. Letztere sind ja sozusagen vogelfrei. Ob der finstere, aber auch ganz lustige Herr Mephisto noch bei Faust aktiv ist – wäre vielleicht Grund Nummer drei für die Reise nach Leipzig.

Zehn Tage später:

Ich habe doch tatsächlich den superschlauen Herrn Faust gefunden, um ihm klipp und klar meine Meinung zu sagen. Dass er keine Ehre im Leib habe, wenn er Gretchen in ihrem Schlamassel sitzen lasse. Dass sie sich vielleicht sogar umbringen wird – zuzutrauen wär's ihr. ›Was sollte ich tun?‹, antwortete er mir. ›Na, wenigstens heiraten solltet ihr, und bring sie vor allem weg aus unserem Dorf, wo sich alle sofort die Mäuler zerreißen. Ihr Bruder Valentin zum Beispiel, erzählt es jedem, ob er es hören will oder nicht, wie sittsam und tugendhaft seine Schwester sei. Wenn der erfährt, was Sache ist – der flippt total aus.‹

›Danke für deinen Rat und deine Information, Marthe‹, sagt Faust und reicht mir die Hand. ›Wie schön, wenn man so gute Freunde hat. Ich werde jedenfalls in mich gehen und über deine Worte nachdenken. Gehabt euch wohl, liebe Freundin.‹

Es dauert keine drei Tage, da erscheint jemand am Eingang: Heinrich Faust bei dem einfachen Dorfkind Gretchen, um bei ihrer schwerkranken Mutter um ihre Hand anzuhalten. Gretchen sah die Szene ganz entgeistert. ›Das wollt ihr wirklich tun?‹, staunte sie, ›ich glaub, ich hab euch verkannt und in Gedanken unrecht getan.‹

›Anschließend kommst du mit nach Leipzig‹, fuhr Faust fort, ›ich brauch ohnehin jemand für den Haushalt. Man kann ja nicht immer nur zaubern und reisen.‹

Vorhang.

»Also, das Happy End find ich echt cool«, meint Petra. »Faust als Ehegatte , geschieht ihm recht.«

»Wir wollen das Thema Helden fortführen«, erklärt Dr. Frank. »Wenn der Monarch an notorischem Ehrgeiz leidet, wird er zum Eroberer und erntet den Ruhm der verbrannten Erde.«

Intermezzo: Eroberer und andere Neurotiker

Auf zwei Arten adelt die Geschichte den Machthaber der alten Zeit: Sie erklärt ihn entweder für heilig (bei niederen Rängen auch ›selig‹) oder sie gibt ihm den Beinamen ›der Große‹. Alexander, Karl, Otto, Friedrich, Katharina, Kublai Khan – sie alle wurden Le Grand. Cäsar, Napoleon, Pizarro oder Dschingis Khan hatten nicht diese Ehre. obwohl sie es von ihrer Vita her durchaus verdient hätten. Denn eine Bedingung mussten sie alle erfüllen, um hoch dekoriert in die Analen einzugehen: In machtexpansiven Eroberungen waren die ›Großen‹ verantwortlich für den Tod von hunderttausenden von Menschen und die Verwüstung weiter Landstriche. Ob Persien, Sachsen, Italien, Schlesien oder China – die Leitbilder der Geschichte hinterlassen stets eine blutige Spur ihrer Selbstbefriedigung.

Nur wenige Herrscher erhielten darüber hinaus noch den ehrenden Beinamen ›der Eroberer‹. Wilhelm, der England kassierte beispielsweise, oder Alfons aus Portugal, der die Mauren mit christlichem Terror aus Europa vertrieb. Herr Obererober, kann es bitte noch eine kleine Scheibe Welt mehr sein? Wie viel Reich darf es denn sein? »Eine Eroberung weckt den Durst nach einer weiteren Eroberung.«

Solcherlei Lebensaufgabe für Fürsten konnte keiner besser rechtfertigen als Nicolo Machiavelli, der Chefideologe des Absolutismus. Der bezahlte Landsknecht – besser wäre Fürstenknecht – war das Perpetuum der mittelalterlichen ›Gebietsreform‹. Vor und nach ihm waren es dagegen meist unfreiwillige Rekruten, die für Volk, Ehre, Vaterland oder Gott/Allah in das gegenseitige Abschlachten ziehen mussten – von Leuten, die sie in besseren Zeiten als Urlaubsbekannte kennengelernt oder sich als Brieffreunde ausgetauscht haben könnten.

Leider war es auch schon früher unüblich und sogar ausgesprochen gefährlich, einzeln oder kollektiv den militärischen Befehl zu verweigern. Stell dir vor, es ist Krieg und keiner geht hin! Tatsächlich waren schon immer Plündern, Vergewaltigen und Morden – die kleinen emotionalen Entschädigungen für das in Kriegszeiten abgeschaltete eigene Gewissen.

Wie viel weniger Leid verursachten hingegen jene Eroberer, deren Ziel nicht die Landerweiterung, sondern die Lusterweiterung war. In die Literaturgeschichte fanden hier vor allem Don Juan und Giacomo Casanova renommierten Eingang. Letzterer real existierend. Auch von einzelnen Potentaten wie z.B. Franz I. von Frankreich oder August der Starke von Sachsen werden hier gewaltige Anstrengungen in Sachen Sturm und Drang auf die Weiblichkeit nachgesagt. Genau genommen verbreiteten auch ihre ganz gewaltfreien Eroberungen sowohl Freud als auch Leid. Letzteres insbesondere, wenn der erfolgreiche Eroberer zum Rückzug blasen lässt.

Elfte Station: Maria Stuart und der Earl of Bothwell

»Ein Drama wie es im Buche steht«, so Dr. Frank. +»Oder im Comboter«, wirft Denihs ein. Dr. Frank ignoriert die Bemerkung. »Um die richtige Fallhöhe zu erreichen, muss viel blaues Blut vergossen werden. Wir können über Alternativen nachdenken, allerdings waren die Möglichkeiten in jener Epoche des 16. Jahrhunderts, in der überwiegend religiöse Fanatiker das Bild beherrschten, relativ gering.«

»Tödlicher Ausgang auch bei Fritz Schillers Britannien Erklärstück ›Maria Stuart‹«, meint Dr. Weber. »Fünfmal gibt es bei Schiller einen Akt im Aufzug. 15mal Auftritt. Vier Leute kommen zur Geschichte der Geschichte dazu: Mortimer, Leicester, Burleigh, Shrewsbury – der erste von Beruf Neffe, der zweite hauptamtlicher Graf, der dritte nur ein popeliger Baron und Großschatzmeister und schließlich der vierte, der sich seine Brötchen als Berater von Königin Elisabeth verdiente. Das gemeine Volk muss in der Handlung wie im wirklichen Leben weiter draußen bleiben oder sich eine teure Theaterkarte kaufen.«

»Historischer Hintergrund des Dramas«, schaltet sich Dr. Lehmann ein, »ein Religionsstreit zwischen Puris und Kathos bringt die Massen in Rage, auch der Adel wird unedel. Die Schotten machen dicht wegen England, kloppen sich untereinander wegen des richtigen Fahrplans zu Gott. Der erfundene Mortimer ist gespalten zwischen heiliger und erotischer Maria (God save the Queen), entscheidet sich zunächst für das irdische Motiv – inklusive versuchter Fluchthilfe, schickt sich aber später selbst ins Jenseits. Seine einseitige Liebeserklärung an Maria kurz nach dem unglücklichen Treffen der beiden Königinnen im schillerschen Wortlaut:

Wie dich der edle königliche Zorn
Umglänzte, deine Reize mir verklärte!
Du bist das schönste Weib auf dieser Erde!
Was ist mir alles Leben gegen dich
Und meine Liebe!«

»Denihs, übernimm bitte!«, sagt Dr. Frank, während die Kuppel im Glanze von Schloss Holirood erstrahlt. Nach einiger Zeit wechselt das Bild jedoch zu den finsteren Kerkermauern, in denen Maria Stuart ihren unfreiwilligen Ruhestand verbrachte.

»Übrigens, soll ich dich lieber mit ›Sie‹ anreden oder duzen?«, fragt der Projektleiter seinen elektronischen Assistenten. Denihs entscheidet sich für das persönlichere ›Du‹, »obwohl wir weder blutsverwandt noch Sandkasten-Bekanntschaften sind. Doch es lockert die Arbeitsatmosphäre auf. Aber zurück zu den verfeindeten Cousinen, deren Blaues Blut geradezu zu skrupellosen Intrigen *herausforderte:* Die Spannungen zwischen Katholiken und Protestanten reichten im Spätmittelalter bis in die europäischen Königshäuser«, erklärt Denihs. »Die hatten an sich schon genug zu tun mit den Stammbaumquerelen und Familienstreitigkeiten, den patriarchalischen Vorurteilen, den Landeroberungsambitionen mancher Herrscher und den ersten Anzeichen eines sozialen Aufbegehrens der sozial Unterdrückten. Doch die passende Religion zu haben, ist auch ein Vorteil im Machtkampf jeder gegen jeden. Das Bild des Konflikts zwischen zwei Herrscherinnen ist vor diesem Hintergrund zu sehen.

Sie ist eine schillernde Figur der Geschichte – nicht nur, weil neben anderen unser Dichter-Fürst Fritz Schiller sich ihrer liebevoll angenommen hat und ihr damit literarischen Weltruhm verlieh. Ihre Gegenspielerin Elisabeth römisch eins sorgte dafür, dass die nötige Tragik in ihre Biografie einfloss, ohne die kein richtiges Drama geschrieben werden kann. Das Duett der Königinnen mag für manchen eingefleischten Macho der Beweis dafür sein, dass Frauen auch keine besseren Politiker sind als Männer – nur dass sie ein paar Tricks und Intrigen mehr drauf haben als ihre Kollegen von der männlichen Herrscherzunft.

Schotten und Engländer sind sich ebenso zugeneigt wie Preußen und Bayern. Im schillernden Briten-Adel-Stück wimmelt es nur so von Lords und Ladies auf beiden Seiten. Dass etliche davon ebenfalls Maria heißen, erleichtert die Sache nicht gerade.

Als Vorläufer der kompakten Literaturverfilmungen behandelt Schiller nur die letzten drei Tage im Leben der Maria Stuart – die glücklicheren Jahre einer jungen und lebenslustigen Königin eignen sich eben nicht so sehr zum Tragödien-Schauspiel – eher schon für tragödisierte Rührschinken im Kino.

Doch Marias Heimatschloss Holyrood ist nicht zu verwechseln mit Hollywood, ihr Bruder und Bösewicht James Steward ist kein Vorfahre des gleichnamigen Schauspielers und Katharine Hepburn hat die Maria S. zwar schon in Filmen gespielt, ohne mit James Hepburn, Earl of Bothwell, deshalb jedoch verwandt zu sein.

Um die Mary-Story etwas übersichtlicher zu machen, verwenden wir die ›magische Drei‹ als biografischen Lei(d)tfaden: Drei Faktoren beherrschen das Handeln der englischen Tudorin und der schottischen Stuartess: ihre Abstammung, ihre Machtinteressen und ihre Religion.

Der erste Faktor leitet den Platz in der Gesellschaft und bei Hofe ab – mit feiner Unterscheidung in männlich und weiblich, des Weiteren in ehelich und unehelich sowie in katholisch oder protestantisch. Zum Beispiel schaffte es die als uneheliche Tochter geborene, aber gerade deshalb karrierebewusste Elisabeth I., mangels Alternativen doch auf den Thron in London zu gelangen. Ihr Abstammungs-Manko sorgt aber bei ihr für einen Minderwertigkeitskomplex, der sie besonders fest am Thron kleben lässt.

Der zweite Faktor ist das bekannte Bedürfnis aus dem Märchen ›Der Fischer und seine Frau‹, immer mehr und mehr zu wollen (sei es Macht, Geld oder Einfluss), bis schließlich alles verloren geht. Von unseren heutigen Wirtschaftsführern ist dies als Phänomen bestens bekannt. Ein Königsthron reicht Maria S. nicht aus, unter dem ideologischen Einfluss ihrer monarchistischen Verwandtschaft will sie gleich drei Länder beherrschen: Schottland, England und Frankreich. Landeigentum und wehrhafte Immobilien (gemeinhin Burgen genannt) zu vermehren, war der Volkssport der Adelsklasse damals. Mittel dazu waren das Schwert und der eheliche oder nichteheliche Beischlaf.

Die dritte Quelle ihrer persönlichen Gebrauchsanleitung unterscheidet die beiden Damen grundsätzlich: die Religion. Auf der einen Seite sieht man die eingefleischte Katholikin Stuart bei einer kleinen Party im bescheidenen Rahmen (maximal 500 Lords und Leute), bei einer heißen Affäre oder einem übermütigen, schnellen Ritt zu Pferde. Weltlichen Freuden ist sie meist nicht abgeneigt. Dabei hält sie sich stets an die Entsündigungs-Regeln der katholischen Kirche – zum Beispiel Ehe-Scheiden verboten oder außerehelicher Verkehr tabu – bis zu dem Zeitpunkt, an dem sie das große Gefühl der Liebe packt. Ohnehin sorgt das wollüstige Vorbild des Vatikans dafür, dass solcherlei Regularien im gemeinen Volk relativ lasch befolgt wurden.

Auf der anderen Seite steht die puritanisch-konservative und etwas verkrampfte Elisabeth, deren Vater Heinrich VIII. die Frauen reihenweise vernaschte und sich dann ihrer notfalls unter Benutzung des Scharfrichters entledigte. Kein Wunder, dass die amourösen Aktivitäten Marias einen regelrechten Eklat verursachten und die zwangsweise jungfräuliche Elisabeth (sie hat eine genitale Verkrüppelung, die ihr Sex unmöglich macht) zu Neidgefühlen verleidet.

Dabei fing die Bekanntschaft der beiden Cousinen

ganz harmlos an: Noch als Kinder spielten sie zusammen prinzessinnengerecht – Völkerball beispielsweise. Doch die Kinder waren zugleich Schachfiguren der internationalen Power-Play-Politik. Dreimal ging Maria Stuart zum Traualtar; zuerst auf höhere Anordnung hin mit dem schwachbrüstigen Jüngling Franz II., dann mit dem schwachköpfigen Schönling Dansley und schließlich mit dem starken aber starrköpfigen James Hepburn, späterer Lord Bothwell.

Dass letzterer ihre große Liebe war, gilt als unbestritten. Zuerst im Verborgenen, weil noch mit Dansley verheiratet, turteln die zwei immer offener. In einer der Biografien heißt es über Bothwells sentimental journey mit Maria: ›Diese Frau hatte ihm eine ganze Skala von Gefühlen entlockt: Respekt, Bewunderung, Begierde, aber auch den Wunsch, sie zu besiegen, zu unterjochen.‹ Zugleich sagt er, er hätte sein Leben für sie hingegeben. Leider kam es umgekehrt.

Die erste erotische Begegnung der beiden beschreibt die Stuart-Biografin Jetta Sachs-Colligne so: Bothwell findet eine ›bitterlich weinende Maria‹, die von ihrem besoffenen Gatten drangsaliert wird. Bothwell kniet neben ihr: ›Bitte, Majestät ... bitte, Maria ...‹ ›Oh Bothwell, es war schrecklich ...‹ Und plötzlich lag sie an seiner Brust, so wie sie es sich zuvor ersehnt hatte, sein Arm hielt sie, und seine Hand fuhr tröstend über ihr Haar. ›Maria ... Liebste ...‹ Er konnte nicht weiter an sich halten. Zu lange hatte er ihre Nähe gemieden, jetzt war es ihm nicht mehr möglich. ›Maria ... meine Maria, weine, weine! Ich bin ja bei dir ...‹ Er küsste ihre Stirn, ihre tränennasse Wange, ihren Mund.

»Das ist echt romantisch«, sagt eine Schülerin, die mit den Tränen kämpft. »So ähnlich war auch die jüngst Geschichte in der ›Edeltraut-Reihe‹, die man am Kiosk kaufen kann und die Einblicke in das Liebesleben der Adligen erlaubt.«

»Ich seh nur, dass die Geschichte ein sentimentales Rührstück ist«, erwidert Klaus. »Mal als Groschenroman, mal als hohe Literatur. In der Tat ist ein gewisser Goethe der erfolgreichste Groschenroman-Autor bislang. Und Schiller folgt unmittelbar dahinter.«

Intermezzo: Wie wird man Monarch?

Die Hauptbeschäftigung des Monarchen bestand in der Ausbeutung seiner lehnsabhängigen Landwirte. Aus deren Hofhaltung finanzierte er die eigene – auch wenn der damalige Zehnte verglichen mit heutigen Steuersätzen moderat erscheint. Heutzutage stehen die beruflichen Chancen für angehende Monarchen eher schlecht. Andererseits können die Jobvermittler wegen der Geburtenschwäche im Hochadel kaum noch Azubis für diesen Beruf finden. Vorbei die Zeiten, in denen ein Herzog August von Sachsen – ›der Starke‹ – seine Armee mit den Worten »meine lieben Kinder« anreden konnte.

Schlecht sind auch die beruflichen Karriere-Perspektiven. Für den niedrigen Adel reicht es heutzutage höchstens noch bis zum Amt des Wirtschaftsministers, während notorische Thronfolger auch schon mal als Edelgrüne reüssieren können.

Während heutige Monarchen vergleichsweise sparsam in der Haltung sind und nützlich für den Tourismus, war früher der Sonnenkönig (le roi soleil) mit die kostspieligste Ausgabe dieser Spezies. Er hieß so wegen seines sonnigen Gemüts, das von zahlreichen Mätressen gespeist wurde. Die Perücken bepuderten Hofschranzen kamen jedoch regelmäßig ins Schwitzen, wenn der Sonnenglanz des Königs am Monatsende finanziell abgerechnet werden musste. Heute gibt es dagegen ›Sonnenkönig‹ als Bräunungslotion sowie als Heizkörpermarke.

Die Feudal AG (Amüsier-Gesellschaft) hatte eine gut funktionierende PR-Abteilung unter Leitung der Herren John Hoppes und Nicolo Machiavelli. Doch auch sie konnten nicht verhindern, dass die Sterblichkeitsrate unter Monarchen stetig stieg. Hauptgrund: die neidischen Verwandten; Grund Nummer 2: die Syphilis; Grund Nummer 3: Überanstrengung bei Festgelagen und Orgien.

Ein richtiger Monarch musste über ein Schloss und einen Schlosser verfügen. Letzterer hatte die Aufgabe, den Keuschheitsgürtel der Gemahlin auf- und zuzuschließen. So konnte man Erbstreitigkeiten zwischen ehelichem und außerehelichem Nachwuchs vorbeugen. Dummerweise war der Keuschheitsgürtel für den Mann damals gerade nicht in Mode, weshalb es am Ende doch jede Menge Erbfolgekriege dann gab.

Zwölfte Station: Maria Theresia
Interview mit Kammerdiener Leopold

»Wir machen nun einen Sprung in den europäischen Absolutismus«, unterbrach Dr. Frank. »In der Geschichtsschreibung kommen vor allem Angehörige der jeweiligen Elite zu Wort – also Kaiser, König, Kurfürst, Graf, kaum jedoch Bürger, Bauer und Bettelmann. Also wollen wir jemand zu Wort kommen lassen, der einerseits Teil des gewöhnlichen Volkes ist, andererseits aber durch seine Nähe zur Macht und deren Akteure besondere Einblicke genießt. Er spricht über eine ungewöhnliche Frau, die sich in einer von Männern dominierten Welt durchsetzt. Ihr könnt ihm spontan Fragen stellen. Via Denihs wird er antworten. Zuerst aber noch eine kleine Einführung in das Thema. Denihs, go!«

»Zu den wenigen weiblichen Regentinnen in der Geschichte des Abendlandes gehört die Wiener Kaiserin Maria Theresia. Eine Funktion, die es im HRRDN (dem Heiligen Römischen Reich Deutscher Nation) ebenso wenig gab wie in Rom eine Päpstin. Es bleibt offen, ob die Damen an der Spitze der Macht tatsächlich spitze waren. Als ›echt cool‹ könnte man jedenfalls die Vielvölkerstaatschefin Maria Theresia bezeichnen. Sie führte blutige Kriege und schenkte zugleich immer mehr Kindern das Leben. ›Make love and war.‹ Dabei wurde ihr allerdings mancher Waffengang aufgezwungen – anders als ihre zahlreiche Kinderschar, die ein willkommenes Mittel ihrer Heiratspolitik bedeutete.

Legendär war ihr Verhältnis zu ihrem großen Gegenspieler, dem ›Alten Fritz‹, Friedrich II. von Preußen. Genau genommen war auch dieser einstmals jung und friedlich. Aber ein oder mehrere frühkindliche Schockerlebnisse ließen Fridericus Rex leicht neurotisch zulasten der donaumonarchen Kollegin expandieren. Er aber unterschätzte das Stehvermögen der K.u.K-Übermutter. Diese formierte ständig neue Allianzen und machte dem Preußenkönig das monarche und militärische Leben schwer. Sieben lange Jahre dauerte der sogenannte Siebenjährige Krieg zwischen Preußen und einer M.T.-Solidaritäts-Gruppe des europäischen Hochadels.

25 kurze Jahre hingegen bestand ihre fruchtbare Ehe mit dem offiziellen Regenten Franz. Maria Theresia sorgte auch im Inneren ihres Reiches für ein friedliches Miteinander vieler Völker und Volksgruppen und für eine Reihe von Reformen, die allerdings ihrem aufgeklärten Sohn und späteren Nachfolger nicht weit genug gingen. ihr Kammerdiener Leopold war eine der wenigen Kontakte zum einfachen Volk. Wir befragten ihn als Zeitzeugen und Vertrauten. Solltet ihr jetzt erst mal genug vom Hochadel haben, bekommt ihr nun jemand aus dem Fußvolk des Absolutismus. Ihr könnt euch Fragen überlegen, die ihr morgen an den Kammerdiener der Kaiserin richten könnt.

Interview mit Leopold, dem Diener der Kaiserin Maria Theresia.

Wie war ihr Verhältnis zur österreichischen Kaiserin?

Leopold: Ich würde es nie wagen, von einem Verhältnis zu sprechen. Schließlich war sie ja nicht die Männerverzehrende russische Kaiserin Katharina.

Wir meinten das auch gar nicht zweideutig. Anders gefragt, wie war Ihr Umgangston miteinander?

L.: Der Form ihrer Anrede entnahm ich jeden Morgen, ob sie gut oder schlecht gelaunt war. Wenn ihre Majestät mit sich und der Welt zufrieden war oder eine vergnügliche Nacht mit ihrem Gemahl Franz gehabt hatte, nannte sie mich ›Poldi ‹. War sie dagegen frisch und fromm heute mal wenig auf das Regieren erpicht oder hatte sie ihr Erzrivale Friedrich aus Potsdam wieder mal geärgert, sprach sie mich förmlich mit ›Leopold‹ an. Im ersten Fall zeigte ich ein erfreutes joviales Lächeln, im zweiten Falle setzte ich meine unverbindliche Dienermiene auf.

Sie hatten als einer der wenigen Akteure am Wiener Hofe Kontakt zum gemeinen Untertan. Konnten Sie die Wünsche und Probleme des einfachen Volkes an die Kaiserin vermitteln?

L.: Ich sah meine Aufgabe natürlich zunächst darin, der

Kaiserin zu dienen. Dennoch habe ich, wenn mich jemand darum bat, versucht zu vermitteln. Ihre Majestät hatte an ihren guten Tagen – und das waren dank Franzl viele – oft ein offenes Ohr. Als Vermittler zwischen den Sorgen der Herrschaft und den sozialen Erschütterungen im Lande zu fungieren, gehört auch zu den Aufgaben eines perfekten Kammerdieners. Nur bedarf es dabei der gesamten Feinfühligkeit und des Fingerspitzengefühls eines sehr gut ausgebildeten Dieners. Zumindest versuchte ich, dies dem Nachwuchs in meinen Diener-Lehrgängen so zu vermitteln.

Erzählen Sie doch bitte etwas aus ihrem Alltag.

L.: »Poldi, reich' Er mir mein grünes Kleid mit den silbernen Bordüren«, oder so ähnlich hieß es Morgen für Morgen, die Anspannung vom Abend zuvor hatte nun eine Art schläfriges bis halblebendiges Phlegma angenommen. Dass dies hauptsächlich mit ihrem Gemahl Franz zu tun hatte, hörte man deutlich. Ihr Gatte genügte ebenso lautstark seiner ehelichen Pflicht wie sie selbst und dies auch noch nach etlichen gemeinsamen Ehejahren. Übrigens war ich stets darum bemüht, niemanden sonst an diesem (akustischen) Bekenntnis ewiger Liebe teilhaftig werden zu lassen.

Dass dieses Vergnügen reichlich Früchte trug, kann man leicht anhand der Geburtenzahl bei Familie Habsburg entdecken. War dies eine Heile-Welt-Familie?

L.: In der Tat schenkte Ihre kaiserliche Majestät doch nach und nach 16 Kindern das Leben – 13 davon Mädchen. Aber selbst ich als einfacher Mann hadere heute noch immer damit, dass Maria Theresia ihre Kinder wie selbstverständlich benutzte, um den Herrschaftsbereich der Habsburger weltweit auszudehnen. Bei diesem Thema wagte ich es ein einziges Mal, ihr zu widersprechen – was mich fast den Kopf gekostet hätte.

Worum handelte es sich konkret?

L.: Es ging um ihre damals 15-jährige Tochter Marie Antoinette alias Maria Antonia. Diese wehrte sich mit Händen und Füßen gegen die Vermählung mit dem französischen Dauphin (Kronprinz). Er war zwar kaum älter als seine ihm zugedachte Braut, doch in Liebesdingen bereits etwas erfahrener. Maria Antonia war ihrerseits heimlich in einen Wiener Rittmeister verliebt.

Aha, wie kam es denn zu diesem Kontakt?

L.: Der Offizier war bei den familiären Ausritten für die Ersatzpferde zuständig. Ich weiß nicht, ob der Herr Rittmeister sich im Klaren darüber war, dass er mit seinem Leben spielte. Hätte er die Zeichen der Liebe der jungen Prinzessin erwidert und dabei womöglich noch das Hymen ihrer Jungfräulichkeit verletzt – nun, bei solchem Tun entdeckt, wäre eine sofortige Exekution die Folge gewesen.

Die Mutter hat sich dann doch durchgesetzt?

L.: Ja leider. Ich war stets sehr diskret. In diesem Fall machte ich eine Ausnahme, hatte ich doch die kleine Maria Antonia irgendwie ins Herz geschlossen. Deshalb hab ich den Dialog zwischen Mutter und Tochter damals heimlich mitgeschrieben:

> *Maria Antonia (wie sie damals noch hieß): Geliebte Mutter, tun Sie mir das nicht an, ich möchte den Dauphin nicht heiraten, ich kenn' ihn ja gar nicht.*
> *Maria Theresia: Aber der Dauphin wird einmal König von Frankreich sein.*
> *M.A.: Das ist mir egal, ich bin überhaupt noch zu jung dafür, und Französisch kann ich auch nicht.*
> *M.T.: Das hast du davon, dass du immer die Spracherziehung schwänzt. Und zu jung bist du mit deinen 15 Jahren auch nicht. Sieh deine Schwestern und Brüder an, sie haben sich klaglos der Staatsraison gebeugt.*
> *M.A.: Gnade, verehrenswerte kaiserliche Mutter! Sie wissen doch, zwei meiner Schwestern konnten die Ehe nicht eingehen, weil sie vorher krank wurden und nur eine Schwester hat den Mann ihres Lebens gefunden.*
> *MT.: Für dich wird der Dauphin der Mann deines Lebens sein. Du wirst es auch noch lernen, ihn zu lieben. Denk daran, dass ich bei deiner Geburt fast das Leben verloren hätte. Du stehst in meiner Schuld.*

M.A.: Mir schwant jedenfalls nichts Gutes in Frankreich. Das Volk soll dort sehr aufrührerisch sein. Wenn ich denn den Dauphin heirate, erwarten Sie nicht von mir, dass ich ihn lieben oder gar mit ihm diese unanständigen Sachen machen werde, vor denen Sie, Kaiserliche Mutter, uns immer gewarnt haben.

M.T.: Ich freue mich, dass du einsichtig bist. Die ›unanständigen Sachen‹, wie du sie nennst, sind ausschließlich der Ehe vorbehalten. Hier sind sie aber notwendig, etwa um für einen Thronfolger zu sorgen …

Wir wissen, Sie sind und waren niemals zuständig für die hohe Politik. Aber können Sie uns dennoch verraten, weshalb die Vielvölker-Kaiserin ausgerechnet wegen der Provinz Schlesien drei Kriege führte.

L.: Nun, so viel ich mitbekommen habe, war der Anlass König Friedrich und seine abfälligen Bemerkungen über Frauen in hohen Staatsämtern. Das verletzte ihren Stolz – stand doch die Kaiserin trotz fast permanenter Schwangerschaft ›ihren Mann‹, wie es so schön heißt. Allerdings unterstützt von ihrem angetrauten Gemahl.

Sie wollen damit sagen, drei Kriege wegen verletzter Eitelkeit und Stolz?

L.: Natürlich spielte es wohl auch eine Rolle, dass Schlesien viele wertvolle Bodenschätze barg, zum Beispiel eine qualitätsmäßig sehr gute Steinkohle. Zudem glaubte Ihre Majestät, die Kaiserin, wenn sie beim Schutz einer ihrer Provinzen Schwäche zeigte, würden über kurz oder lang auch die anderen Regionen des Vielvölkerstaates von ihr abfallen.

Das klingt so, als wären die diversen Provinzen ihr Privateigentum gewesen?

L.: Privat oder nicht privat – ›L-etat c'est moi‹. Was dem Sonnenkönig in Versailles recht war, war der absoluten Herrscherin unseres schönen Österreichs nur billig. Der Staat gehörte gewissermaßen dem Adel mit ihr an der Spitze, das Kernstück aber blieb ihre Heiratspolitik. Die Bräute brachten ihr Imperium mit in die Ehe ein.

Maria Theresia war sehr fromm, wie schon die Namenswahl ihrer Töchter zeigt, die alle den Namen der Gottesmutter Maria zusätzlich zu ihren Vornamen trugen. Hat das ihr Handeln beeinflusst?

L.: Natürlich, man darf ihre Gläubigkeit aber nicht mit ihrem schlechten Verhältnis zur katholischen Kirche gleichsetzen. Sie warf der Kirche vor, ihre ursprünglichen Werte verraten zu haben. Sie dagegen setzte selbst Pastoren ihres Vertrauens in das kirchliche Amt ein und sorgte zusätzlich dafür, dass von der Kirche unabhängige Armenküchen errichtet wurden. Generell ließ sie sich vom Papst keine Vorschriften machen und wetterte öfter mal über die ›Scheinheiligen von Rom‹.

Wie beurteilen Sie den Charakter Ihrer Kaiserin?

L.: Es steht mir nicht zu, ihren Charakter zu beurteilen. Außerdem haben schon die alten Römer gesagt: »Sprich niemals schlecht von den Toten.« Ich kann aber so viel berichten: Einerseits war Maria Theresia konservativ, aber sie blieb dennoch für manche Neuerung aufgeschlossen. Sie lehnte Sex außerhalb der Ehe ab und ließ hin und wieder die Prostituierten von Wien ihre Macht spüren und polizeilich verfolgen. Sie war durchaus machtbewusst, ließ bei offiziellen Anlässen aber häufig ihrem Gemahl den Vortritt. In ihrem Innersten war sie friedliebend und musste dennoch ihr aufgezwungene Kriege führen. Sie ist und bleibt für alle Zeit ein Vorbild an Tugend, Glaubensfestigkeit, Liebe zum Volk und zugleich Standesbewusstsein, eben eine tolle Frau – wenn mir der umgangssprachliche Jargon erlaubt sei.

Vielen Dank, Herr Leopold.

L.: Gern geschehen, man kommt ja so selten in die Öffentlichkeit.

Dr. Frank blickt auf die Uhr. Das restliche Programm sollte am nächsten Tag absolviert werden. Doch zunächst geht es um ein Thema, das die Schüler besonders interessiert:

Intermezzo: Die Liebedienerinnen

»›Tu deinem Leib des Öfteren etwas Gutes, damit es deiner Seele gefällt, darin zu wohnen.‹ Mit diesem Satz warb die Nonne Teresa von Avila im 12. Jahrhundert für eine hinreichend befriedigende Sexualität. Angesichts der strengen Auflagen der christlichen Kirche selbst für den ehelichen Sex – nicht in Fasten- und Menstruationszeiten, nicht am Sonntag und nicht während der Schwangerschaft etc. – ist es kein Wunder, dass die Damen des bezahlten Beischlafs Ventilfunktionen bekamen.

Ich habe lange gesucht nach einem Begriff für jenen Service, den schon seit mehr als 3.000 Jahren insbesondere Männer in Anspruch nehmen«, sagt Denihs. »›Liebedienst‹ ist das, was bestimmte Damen seit Beginn der ersten Hochkulturen anbieten. Ihre Kunden nennen sie Hure, Dirne, Freudenmädchen, Nutte, Strichmädchen, Bordsteinschwälbchen, Prostituierte, Callgirl – oder klassisch beschönigend Kurtisane und Hetäre. So viele Worte für einen so kleinen Dienst, der die Dienerinnen in den unfeinen Niederungen der Moral schwimmen ließ. Dabei war das horizontale Gewerbe nicht immer eine Schmuddel-Branche. Im Mittelalter und noch in der Renaissance unterhielten die Städte eigene Bordelle. Paris, London und Wien hatten sogar eigene Bordellgassen – Reeperbahn à la Biedermeier.

Petra ist ganz begeistert von der Wortwahl des Computers: »Liebedienerin, echt spitze.«

Denihs fährt fort: »Wien erlebte mit dem monatelangen Wiener Kongress des europäischen Hochadels 1815 einen Tiefpunkt der bürgerlichen Moral und eine Blüte der Prostitution. Der Satz eines französischen Diplomaten: ›Der Kongress tanzt, aber er kommt nicht voran‹, beschreibt die Lieblingsbeschäftigung der Kongress-Noblen nur unzureichend. Beischlaf galt als Mittel der Diplomatie. Denn das unter Napoleon unterlegene Frankreich glaubte in Gestalt des Grafen Talleyrand an den beschwichtigenden Einfluss der hilfreichen Damen auf das Befinden der Sieger.

Die kommu(a)nale Population griff immer häufiger zur Kopulation als Mittel zur Einhaltung der Sex-Gebote. Ganz zu schweigen von den antiken Kulturen, die im griechisch-römischen Ringkampf zwischen Mann und Frau durchaus auch mit Eintrittskarten zu professionellen ›Sportlerinnen‹ nachhalfen.

Im antiken Griechenland gab es gleich mehrere Klassen von Prostis: Die Unterklasse bestand aus den eingebunkerten Dikteriaden, die Oberklasse dagegen aus den meist frei anschaffenden Hetären. Diese könnten heutzutage auch in fast jedem besseren Hostessen-Service (›Das gönnt der Chef seinen Kunden.‹) arbeiten, hatten sie doch meist eine Ausbildung in geistreicher Konversation von Politik bis Religion, außerdem in Tanz und Musik sowie in körperlicher Stimulanz.

Zwei Jahrtausende später erlebte die Qualitätsarbeit der Lustmacherinnen eine Renaissance in eben jener

Epoche. Die Wiedergeburt der Edel-Sex-Kultur lief unter dem Namen Kurtisane. Der Schritt von der selektiven Pay-Maid, die allenfalls drei bis vier Dauerlover bediente, lag nicht weit bis zur sogenannten Mätresse, der Meisterin, die ihre Meisterschaft nur noch einem einzigen betuchten Freier dauerhaft zukommen ließ. Und von hier war es nicht weit bis zu jenen Ehegattinnen, die eine reine Versorgungsehe suchten und fanden.

Im Altertum war Prostitution eng mit Mythos und Religion verbunden. In Babylon etwa gab es eine kultische Tempelprostitution: Nach einem Gesetz des Königs Hammurabi (1750 v. Chr.) mussten alle jungen Frauen sich einmal im Tempel einem Fremden hingeben und dafür Münzen für den Tempel entgegennehmen. Der Verkehr mit der ›Priesterin‹ sollte die Götter für Ackerbau und Viehzucht günstig stimmen. Man stelle sich vor, die heutige Kirche würde sich so für den Ausgleich der sinkenden Kirchensteuereinnahmen schadlos halten.

Im antiken Griechenland 594 v. Chr. richtete Solon in Athen das erste staatliche Bordell ein. Die Hetären in Athen galten als die vornehmsten Prostituierten, mit hervorragender Bildung und feinen Umgangsformen. Manch kluger Philosophen-Satz, der zum Ruhme der alten Griechen und Römer überliefert wurde, stammt in Wirklichkeit von solchen Frauen – zum Beispiel aus der Konversation danach.

Nach außen hin ablehnend, griff die öffentliche Hand jedoch häufig unter den Rock der Hetären. Die Hurensteuer wurde zu einer wichtigen Einnahmequelle zahlreicher Staaten. In China beispielsweise richtete im Königreich Qi der berühmte Staatsmann und Philosoph Guan Zhong sieben große ›Frauenmärkte‹ mit insgesamt 700 Prostituierten ein und führte deren Einnahmen an die Staatskasse ab. Während der Tang- und der Song-Dynastie (7. bis 13. Jahrhundert) wurde ein Großteil der Prostitution von örtlichen Beamten kontrolliert, die alle Einzelheiten minutiös festlegten. Es gab aber auch Prostituierte in der Hauptstadt, die nicht der örtlichen, sondern der kaiserlichen Verwaltung direkt unterstanden. Für unsere heutigen Finanzminister und Stadtkämmerer stehen hier noch ungeahnte Potenziale unausgeschöpft zur Verfügung bzw. Vergnügung. Aber hierzulande ist man sich ja noch nicht mal einig, ob die Gewerbesteuer nur vertikal oder auch horizontal verbucht werden kann.

In Europa gingen die grenzüberschreitenden Horizontalkünstlerinnen inzwischen sogar als Aktivposten in die Handelsbilanz ein. Doch stets hing das bakterielle Damoklesschwert über den Vereinigten Paaren und den One-Night-Stands mit ihren über den Dauer-Anschafferinnen. Als ausgesprochene Lustlooser dienten jene kleinen Ansteckerchen, die den Faktor Syphilis auslösten. Diese Sex-Seuche gehörte zur europäischen Koitus-Tradition wie der Schnupfen zum deutschen Winter.

Zwischen den Adelsburgen von Paris, Wien, St. Petersburg, Madrid und London spielte sich ein Bazillen-Reigen ab rund um die höfischen Promis (von Promiskuität), bei der die bezahlten Damen der Straße zunehmend gefährdet und zugleich diskriminiert wurden im Vergleich zum Amateur-Amore des häufig wechselnden Geschlechtsverkehrs.

Gemeinsam war ihnen stets, dass sie Einzelkämpferinnen mit und ohne ›Beschützer‹ waren. Erst in heutiger Zeit gehen die Liebesprofis dazu über, sich als eigene Lobby zu organisieren. Der 2002 gegründete Bundesverband sexuelle Dienstleistungen fordert angesichts der Ansteckungsgefahr mit alten und neuen Erregern insbesondere Gummis für alle sowie die Anerkennung als Freier Beruf (im doppelten Sinne).

Einigen Vertreterinnen des angeblich ältesten Gewerbes (Hat jemand jemals die Prostitution bei den Steinzeitmenschen untersucht?) gelang der historisch überlieferte Sprung von der Prosti zur Promi (wahlweise Kurzform für prominent oder promiskuitiv). Sie spielten in der Politik ihrer Zeit eine nicht unbedeutende Rolle – und zwar nicht nur über ihre sinnliche Einflussnahme, sondern auch durch ihren Intellekt. Zum Beispiel: Tamar: Im Alten Testament die Schwiegertochter des Juda, Sohn Jakobs und Namensgeber des jüdischen Volkes. Allerdings ist sie nur eine Schein-Prostituierte. An ihrer Seite starben zwei mit ihr verheiratete Söhne Judas ziemlich rasch. Ein dritter, Onan, befriedigte sich lieber selbst, als Tamar zu heiraten (Witwen waren damals eine Art ›Wanderpokal‹ unter den Brüdern ihres verstorbenen Mannes). Entscheidende Szene: Tamar sitzt verhüllt am Wegesrand, als ihr Schwiegervater Juda vorbeikommt. Der erkennt sie nicht und hält sie für eine ganz normale Nutte. Der Preis, den er bereit ist, für eine schnelle Nummer mit ihr zu zahlen: ein Ziegenböckchen. Da er aber gerade nicht böckchenmäßig flüssig ist, verlangt sie ein Pfand, das sie ihm bei späterer Gelegenheit als Beweis seines Aktes mit der eigenen Schwiegertochter unter die Nase hält und ihn damit erpresst.

Messalina: Bei der dritten Frau des römischen Kaisers Claudius (erstes Jahrhundert) und Schwiegermutter Neros handelte es sich eher um eine nymphomanische, gelangweilte und lebenslustige Gattin als um eine einfache Prostituierte. Die zahlreichen Geschichtsschreiber, die sich über ihre ausschweifenden Orgien mokierten, brachten gerüchteweise auf, die Frau Kaiser gehe aus Lust an der Lust gelegentlich anschaffen. Ob's stimmt, weiß man nicht. Zumindest des Geldes wegen jedenfalls nicht – das hatte sie im Überfluss. Blieb der Reiz des Verbotenen. In der Geschichtsschreibung verschwimmen allerdings manchmal die Grenzen zwischen Ehebett und Straßenstrich. Eine Rolle spielt bei den Ausschweifungen der Messalina, dass sie bereits mit 14 Jahren mit dem damals 50-jährigen Claudius verheiratet wurde und ihre starke sexuelle Neigung zunächst nicht ausleben konnte.

Theodora: Auch diese im 6. Jahrhundert in Konstantinopel lebende Frau wurde vor allem von einem Geschichtsschreiber namens Prokop als Prostituierte diskriminiert. Tatsächlich gehörte sie in ihren jungen Jahren zu einer Schauspielgruppe und damit zu einem Metier, dem auch damals schon lockere Umgangsformen nachgesagt wurden. Dennoch gelang es ihr, mit dem Kaiserneffen und späteren Kaiser von Ostrom, Justinian, eine Beziehung einzugehen. Als Justinian den Thron bestieg, war Theodora die Frau an seiner Seite und zugleich wichtigste politische Beraterin. Ob sie jemals Liebe gegen Geld verkauft hat, ist im Übrigen auch unwichtig. Wichtiger ist ihre Rolle als reformfreudige Mitregentin, die aus eigener Anschauung wusste, wie es auf den unteren Stufen der Gesellschaft aussieht.

Das männliche Gegenstück zur Prostitu, der Stricher, wird in der klassischen Literatur vernachlässigt. Dabei spielten die Knaben im pädophilen Antik-Liebesleben eine rege bis erregende Rolle. Später wertete man die Mann-zu-Mann-Liebe pauschal als Zeichen der Dekadenz. Zur Erläuterung: Dekadenz ist das, was man sich selbst nicht erlaubt, aber doch gerne hätte.«

»Bis jetzt hat der Krieg bei fast allen Promis eine wichtige Rolle gespielt«, klagt Petra. »Können die Menschen nicht mal anders sich befriedigen als mit Unfrieden? Zum Beispiel über eine künstlerische Betätigung?«

»Aus eben diesem Grund haben wir fast zum Schluss eine Station im Florenz der Renaissance-Zeit gemacht«, meldet sich Dr. Weber zu Wort. »Nicht dass es da nicht auch jede Menge Kriege gegeben hätte. Aber geprägt ist das Bild der italienischen ›Wiedergeburt‹ der Antike durch zahlreiche Künstler. Einer von ihnen war Michelangelo. Er kämpfte zeitlebens um die Vollendung seiner mehrfachen Künste (Maler, Bildhauer, Dichter), aber auch um die Anerkennung seiner homosexuellen Neigungen. Mal sehen, was daraus wird.«

Dreizehnte Station: Michelangelo Knabenbilder als Kirchenzierde

Denihs: »Italien in der Zeit seiner künstlerischen Blüte Anfang des 16. Jahrhunderts war fest in der Hand einer allumfassend Macht ausübenden korrupten Kirche, die den irdischen Gelüsten nicht abgeneigt war. Es war die Zeit der großen Erfindungen und Entdeckungen, für die stellvertretend der Name Leonardo da Vinci steht. Es war aber auch die Zeit der reichen Städte und armen Bauern. Die Epoche der Renaissance, das heißt der nostalgischen Wiedergeburt antiker Kunst und Philosophie. Es war die Zeit, in der zunehmende Kritik an der Gottlosigkeit der römischen Kirche aufkam. Die Vorboten kommender Ereignisse wie etwa die Reformation durch Martin Luther machten sich bereits bemerkbar.

Im Florenz des jungen Michelangelo herrschte Lorenco de Medici. Er holte den jungen Künstler in sein kleines Reich. Um den Florentiner Chefposten zu ergattern, musste er zwar ein paar Rivalen beseitigen oder zumindest bestechen – doch das war in der oberitalienischen Kleinstaaten-Kultur der rivalisierenden Adelsfamilien fast schon Routine und tat der Liebe zur Kunst keinen Abbruch.

Was das gesellschaftliche Leben anbelangte, gab es eine Reihe junger Freigeister, die ihre homoerotische

Orientierung teilten. Hier hatte Michelangelo seine Prägung zum künstlerischen Rebellen erhalten. Was in ihm steckte, zeigte er, als er mit gerade 26 Jahren aus einem sechs Meter hohen Marmorblock noch die Monumentalfigur des ›David‹ herausholte, an dem zuvor gleich mehrere der besten Bildhauer kläglich gescheitert waren.

In der Geschichte spielte stets auch eine Rolle, ob man sein Liebesleben an der gesellschaftlichen Norm ausrichtet oder nicht. ›Normal‹ ist, was die Mehrheit dafür hält. Das führte dazu, dass gleichgeschlechtliche Liebe häufig als todeswürdiges Verbrechen eingestuft wurde. In der westlichen Welt sorgten jahrhundertelang religiöse Glaubensvorstellungen, juristische Grundsätze und psychiatrische Theorien dafür, harmlose Menschen mit abweichendem Sexualverhalten zu unterdrücken. Andere Schwule haben zeitlebens eine Maskerade veranstaltet, also sich als ›normal‹ verstellt und ein Doppelleben geführt.

Neben einer Minderheit bewusst tuntenhafter Schwulen, gab es eine Mehrheit, deren Veranlagung nach außen nicht sichtbar war. Männer wie Richard Löwenherz, Platon, Thomas Mann oder Alexander der Große (ich springe absichtlich durch die Epochen) ließen keinen Zweifel an der Männlichkeit der Männer, die Männer mögen, aufkommen. ›Ich bin schwul und das ist gut so!‹ Dieser Satz des Berliners Wowereit hat historische Bedeutung. Er ist der Auftrag an alle Kulturen und Gesellschaften, niemand wegen seiner sexuellen Einstellung zu diskriminieren.

In Italien während der Renaissance waren alle nur

denkbaren Liebesvarianten zu Hause, weshalb auch damals manche von Gen-Italien sprachen. Selbst der Papst machte dabei mit und hielt sich im Zweifel einige kleine Ministranten. Wohl wissend um die Heuchelei seiner Mitmenschen versuchte der italienische Maler Michelangelo seine Verbindung zu verheimlichen. Michelangelo war homosexuell. Darüber hegen die einschlägigen Experten keine Zweifel. Doch er verstand es zeitlebens zu verhindern, dass die Beziehung zu einem Mann allzu sehr publik wurde. Sein geheimer Liebhaber war ein junger Adliger namens Tommaso de Cavalieri, dem Michelangelo etliche Liebesgedichte widmete.

Über Tommaso wissen wir wenig, nur dass er im Zeitpunkt der Begegnung schön und jung gewesen sei (Michelangelo gehörte schon zu den rentennahen Jahrgängen). Auch galt er als talentierter Schüler Michelangelos, der ihn sicher auf unterschiedliche Weise inspirierte. Ob diese Lehrer-Schüler-Freundschaft jedoch bis zu seinem Tode rein geistig war, wie manche Historiker behaupten, oder auch eine körperliche Komponente besaß, ist sicher heute von vernachlässigbarem Erkenntniswert. Anders gesagt, es geht uns eigentlich nichts an. Wichtig ist, dass diese Beziehung ihn zu einigen seiner größten Werke motivierte – allen voran die David-Statue und die Pieta, eine Marienstatue mit einem mageren und doch muskulösen Jesus auf dem Schoß, der offenbar älter als seine Mutter ist. Seine Kenntnisse über die exakte Anatomie des Mannes, die in den Statuen zum Ausdruck kam, hat er übrigens weniger in intimer Beziehung erworben (auch wenn das sicher romantischer wäre) als durch das

Sezieren von Leichen – heimlich, weil streng verboten. Michelangelo baute das Konterfei seines Geliebten ebenfalls heimlich in sein Hauptwerk, das riesige Fresko ›Das Jüngste Gericht‹ in der Sixtinischen Kapelle ein.

Michelangelo zeigte mehr als die anderen Künstler seiner Zeit eine ausgeprägte Vorliebe für die Darstellung nackter Körper. Vor allem faszinierten ihn männliche Körper, was man gut an seinem David feststellen kann. Das macht deutlich, es bedarf nicht sexueller Handlungen, um homosexuell zu sein. Homosexualität spielt sich im ›Kopf‹ ab, in sexuellen Fantasien und Tagträumen, und die wird Michelangelo sicher gehabt haben. Das sieht man deutlich an den Themen seiner Werke.

Michelangelo beschränkte sich in seiner Jugend nicht auf Skulptur und Malerei, sondern er widmete sich auch allen verwandten und ähnlichen Künsten; und das tat er mit solchem Eifer, dass er sich für einige Zeit fast völlig der Gemeinschaft der Menschen entzog und nur mit ganz wenigen Umgang pflegte. Dies brachte ihn den Ruf eines hochmütigen und arroganten Menschen ein. Seinen tiefen Gefühlen machte er in seinen Gedichten unter anderem an Tommaso Luft. Dabei hat es ihm das Bild des Feuers der Leidenschaft angetan. Auszüge daraus:

Dein Geist stieg in des Leibes Kerkerzelle
Von dort herab, wohin er einst enteilt,
Dass sich ein Engel, der die Seelen heilt
Und Ruhm der Welt verleiht, uns zugeselle.
Dein Wesen, nicht die Schönheit sonnenhelle,
Entflammt mich.

Wäre der Schönheit deiner Augensterne
Das Feuer gleich, das sie ringsum entzünden,
Dann flammte wohl die Welt aus Feuerschlünden,
Es schmolzen selbst des Poles eis'ge Kerne …

Wohl darf mit meiner Liebe heißen Flammen
Gerechte Hoffnung sich zum Himmel schwingen …«

Intermezzo: Ratlos auf dem Olymp

»Zum Schluss wollen wir noch eine kleine Brücke zwischen der Antike und der Gegenwart bauen«, sagt Dr. Frank. »Man nennt das Mythologie. Der antike Glanz Griechenlands ist verblasst. Seit der Abschaffung der Drachme und der Einführung des Euro müssen die stolzen Griechen als Schuldner auf das Wohlwollen der Gläubiger hoffen. Die Griechen haben zwar kein Geld, aber sie haben ja noch immer ihre Götter. In der Not sind Zeus und Co. wieder gefragt – und sei es nur als göttliche Ratgeber. Bekannt geworden ist jetzt das Protokoll einer Krisensitzung der griechischen Götter auf dem Olymp (Pantheon). Einziges Thema: Die Rettung Hellas vor Schuldknechtschaft.«

Das Protokoll, gelesen von Denihs:

Pantheon-Ratssitzung. Vorsitz Zeus (Göttervater). Weitere Teilnehmer: Ares (Gott des Krieges und Sohn von Zeus und Hera). Apollon, Aphrodite, Artemis, Hephaistos, Helios, Hermes, Hera, Eros (Sohn der Aphrodite). Zu Beginn stellten die Anwesenden fest, dass zwar am Anfang der Welt das Chaos stand, das dieses aber möglichst nicht ewig dauern sollte. Die Sitzung im Wortlaut:

Hermes (Götterbote, Gott der Händler und Diebe):

Die Athener Regierung hat trickreich, wie einst Odysseus, die anderen Staaten hinters Licht geführt. Jetzt muss sie auch die Konsequenzen tragen.
Zeus: *Europa soll aber nicht darunter leiden. Ich darf daran erinnern, dass ich Europa noch etwas schulde, schließlich habe ich mit ihr Intimitäten ausgetauscht.*
Hera (Zeus-Schwester und -gattin): *Du alter Bock.*
Zeus: *Wenn schon, dann Stier bitte! Wir wollen doch nicht die Fauna durcheinander bringen.*
Ares: *Ich schlage vor, die Griechen fangen einen kleinen Krieg an und erobern sich das nötige Gold.*
Zeus: *Junior, sei still. Du weißt ja, die Griechen sind seit Salamis etwas aus der Übung. Sonst hätten sie nicht widerstandslos diese vulgären Römer und später diese Urlaubsgermanen ins Land gelassen, die uns mit neuen Namen verunglimpfen.*
Aphrodite (Göttin der Schönheit und sinnlichen Liebe): *Könnten wir nicht den Tourismus ankurbeln, um Geld in die Kasse zu bekommen. Helios sorgt für ausreichend Sonne und ich für die kleinen Freuden in der Nacht.*
Eros: *Au ja, darf ich dann ein paar Pfeile verschießen?*
Ares: *Nur wenn sie tödlich sind.*
Zeus: *Junior, wenn du nicht ruhig bist, schmeiße ich dich auf den Mars.*
Ares: *Wenn du das tust, sage ich nur noch Jupi zu dir.*
Hephaistos (Gott des Feuers): *Wenn die Griechen*

nicht spuren, müssen wir ihnen eben einheizen.
Zeus: *Das besorgen doch schon die Europa-Nachfolger in dieser Stadt, wie heißt sie doch gleich – Rüssel.*
Hera: *Brüssel, du Dummkopf. Ich schlage vor, Herakles zum Ausmisten zu der Athener Regierung zu schicken. Schließlich hat er das bei Augias, im Stall ebenfalls geschafft.*
Artemis (Göttin der Jagd): *Ich glaub, der Mist steht schon zu hoch. Wir sollten lieber alle Politiker davonjagen.*
Apollon (Gott des Lichts und der Weissagung): *Fragen wir doch einfach das Orakel von Delphi.*
Aphrodite: *Das ist doch nur deine eigene Werbeabteilung, Apollon. Außerdem habe ich dort schon nachgefragt. Die Antwort war: Alle Griechen lügen. Gezeichnet ein Grieche.*
Apollon: *Das ist ebenso falsch, wie die Behauptung, alle Griechen lebten über ihre Verhältnisse und fälschten Statistiken. Denk nur an die asketischen Spartaner.*
Artemis: *Die hatten ja auch ihre Heloten für die Drecksarbeit. Denen zahlten sie nicht einmal den Mindestlohn.*
Apollon: *Wir brauchen eben einen neuen Diktator in Griechenland. So ein schlauer wie Perikles.*
Aphrodite: *Den hatten die Griechen doch vor einer Generation. Ist dem Tourismus gar nicht gut bekommen.*
Zeus: *Kann mir jemand erklären, was das für aus-*

ländische Kerle sind, die jetzt in Athen das Sagen haben?
Helios: *Mir scheint, das sind Sonnenanbeter. Sie wollen ständig Licht in das Dunkel bringen. Aber was der Name IWF zu bedeuten hat, weiß ich auch nicht.*

Beschlussfassung: Hermes wird beauftragt, die Lage zu sondieren. Derweil geht der Olymp in den Sommerurlaub.

»Zum Schluss noch eine echte Liebesgeschichte«, verkündet Dr. Frank. Leider ohne Happy End. Doch können wir daraus lernen, dass ein echtes Gefühl wesentlich wichtiger ist als die von Dogmatikern aufgezwungene Gefühlskälte – verkleidet als Moral. Das Stück spielt im Frankreich des Mittelalters.« Dr. Frank schaltet Denihs ein. »Bist du bereit, in die Welt der Gefühle einzutauchen?«, fragte er den Computer.

»Gefühle sind auch nur eine Kombination verschiedener Hormone und Körperreaktionen wie erhöhter Puls«, erwiderte Denihs. »Alles andere ist sentimentaler Unsinn.«

Petra wagt zu widersprechen: »So einfach ist es nicht, zum Beispiel mit der Liebe. Das ist etwas ganz Authentisches.«

Denihs: »Authentisch – auch wieder so ein Modewort. Liebe geht nach meinen Informationen von einem bestimmten Impuls aus und erzeugt beim Gegenüber dabei bestimmte Gegenreaktionen – entweder abwehrender oder verstärkender Art.«

Vierzehnte Station: Heloise und Abelaerd – Rückfall und Liebe

Aber sehen wir gleich, wie es um die Liebe von Heloise und Abelaerd steht: Man kennt ihn aus vielen Filmen und ebenso aus der Realität: Der Typ Mann in den besten Jahren, eine Figur, wie sie in vielen Lehranstalten am Pult steht: Professor oder ähnlicher Pädagoge mit Allround-Bildung, dem Anspruch auf Unfehlbarkeit, mit leichtem Ansatz von Bauch und ersten grauen Haaren. Alles in allem eine imposante Erscheinung mit einem Hauch Überheblichkeit. Wenn er dann noch romantische Liebeslieder singen und dichten kann wie ein Charles Aznavour, dann ist es nur natürlich, dass kaum halb so alte Studentinnen teenagerhaft für ihn schwärmen. Das ist heute nicht anders als es im 12. Jahrhundert in Paris der Fall war.

Ein solch imposanter Typ war in jener Zeit der Lehrer, Theologe und Philosoph Peter Abelaerd. Zu seinen interessierten Studentinnen gehört die gerade achtzehnjährige Heloise, die mit sechs Jahren Waise wurde und die ersten Lebensjahre in einem Kloster verbrachte und nun unter dem Dach von Onkel Fulbert wohnt. Die superintelligente und bereits viel belesene Heloise wird zum Lieblings-Gesprächspartner des in ganz Europa bekannten Philosophen. Abelaerd wird ebenfalls Untermieter von Fulbert. Kein Wunder, dass sie bei einem Philosophiedisput unter vier Augen eine starke Geistesverwandtschaft mit Abelaerd verspürt. Aus der geistigen Verbindung gedieh die körperliche Anziehung. Unter den routinierten Händen des Herrn Professors wurde aus der platonischen Metaphysik mit der Zeit ein erotisches Liebesglück. Die pädagogisch-philosophische Beziehung verwandelte sich nach und nach in eine leidenschaftliche Affäre. Sie blieb nach einiger Zeit nicht ganz unbemerkt, zumal beide sich mit dem jeweiligen Partner öffentlich brüsteten.

So kam es zu jenem nächtlichen Überfall, mit dem Onkel Fulbert gemeinsam mit ein paar Freunden die Sitte in seinem Haus wieder herstellen wollte. Abelaerd verlor dabei sein bestes Stück und damit auch ein gutes Teil seines männlichen Selbstbewusstseins. Die Folge war, dass er die Beziehung zu Heloise zugunsten des Klosterlebens beendete.

Denihs: »Frankreich im 12. Jahrhundert. Die Zeit der Kreuzzüge zur Rettung Palästinas vor den islamischen Heiden, der beginnenden Inquisition mit ihrer Jagd auf Ketzer aller Art und der Rivalität zwischen Franzosen und Engländern, die hundert Jahre Krieg auslöste. Die Pest schreitet erstmals auf breiter Front voran. Die Könige hießen meist Ludwig, manchmal noch mit dem Spitznamen ›der Heilige‹ (oder im gerade beginnenden Deutschen Reich auch mal als ›Ludwig der Fromme‹ klassifiziert). Für viele Frauen, deren gesellschaftlicher Status nur knapp vor dem des Viehs kam, war das führende

Moral-Vorbild jener Zeit Eleonore von Aquitanien, zweimal königlich verheiratet, einmal diesseits und einmal jenseits des Ärmelkanals. Daneben werden ihr zahlreiche Liebschaften zwischen London, Poitier und Paris nachgesagt – eine Skandalnudel von hohem Adel.

Eleonore, zu ihren Kindern gehörte auch der sagenhafte spätere König Richard Löwenherz, verkörperte aber zugleich das damals noch ungewohnte Selbstbewusstsein einer durchaus religiösen und dennoch ›emanzipierten‹ Frau aus der Oberschicht. Zu ihren Gästen am Hof von Poitier zählten zahlreiche Künstler und Gelehrte vom Schlage Abelaerd. Vernissagen und Jamsessions auf hochmittelalterlich. Der Disput der Philosophen drehte sich dabei häufig um den Versuch des französischen Denkers, die Religion per logischem Denken zu erfassen. Doch Abelaerds messerscharfe Logik ging den im bedingungslosen Glauben verhafteten Theologen jener Zeit über den Horizont. Was die Kirchenhierarchie nicht verstand, musste zwangsläufig Ketzerei sein.

Wie es sich standesgemäß geziemte, trat Eleonore im höheren Alter in ein Kloster ein. Die Klöster waren damals Verwahranstalten für überzählige Frauen und Mädchen vornehmlich aus den besseren Kreisen. Überzählig war schon, wer als weibliches Wesen zur Welt kam. Oder wer in einer Beziehung vom Mann verlassen wurde. Dank ihrem Stand durfte sie sich einiges herausnehmen und ins Kloster hineinnehmen, was der Bürgerstochter verwehrt blieb.

»Heloise bezeichnete sich selbst in einem späteren Brief

rückblickend als ›eine leichte Beute‹ für den singenden Professor«, berichtet Dr. Weber. »Heute würde man bei dieser Konstellation möglicherweise von Unzucht mit Abhängigen sprechen. Doch seinerzeit war es weniger das jugendliche Alter der Geliebten, sondern eher ein anderer Aspekt, der Anstoß bei den gutbürgerlichen Pharisäern von Frankreich erregte: Das Paar weigerte sich zunächst zu heiraten, selbst als Heloise schwanger wurde, wollte sie ihren Geliebten nicht durch eine Ehe zu sehr binden in seinen vielfältigen Verpflichtungen.

Derweil hadert die neue Nonne Heloise mit seiner Schreibfaulheit und Undankbarkeit: ›Ich beschwöre dich, denke daran, was ich für dich getan habe, und vergiss nicht, was du mir schuldest. Als ich des Fleisches Lust in deinen Armen genoss, da durften die meisten unsicher sein, ob ich es aus Liebe oder Lüsternheit trieb. Jetzt aber zeigt ja der Ausgang, unter welchem Vorzeichen ich begann. Alle Freuden habe ich mir versagt, um deinem Willen zu gehorchen. Nichts habe ich mir zurückbehalten, als ganz und gar nur dir zu gehören. Mag dir der Name ›Gattin‹ heiliger und ehrbarer scheinen, mir war allzeit reizender die Bezeichnung ›Geliebte‹ oder gar – verarg es mir nicht – deine ›Konkubine‹, deine ›Dirne‹. Je tiefer ich mich um deinetwillen erniedrigte, desto mehr wollte ich dadurch Gnade bei dir finden.‹ Gleichzeitig denkt sie aber immer noch an die Zeit der sexuellen Begegnungen mit ihm zurück und spürt dabei das fortdauernde Feuer der Erregung: ›Die Liebesfreuden, die wir zusammen genossen, sie brachten so viel beseligende Süße, ich kann sie nicht verwerfen, ich kann sie kaum

aus meinen Gedanken verdrängen. Mein Schlaf ist nicht einmal sicher vor solchen Trugbildern. Aus reinem Herzen sollte ich beten, stattdessen verspüre ich die Reizungen meiner Sinnlichkeit.‹
Dagegen plagt den frisch gebackenen Mönch Abelaerd das schlechte Gewissen des vom liberalen Freigeist zum frommen Gottesdiener bekehrten Philosophen – eine zweite, nunmehr geistige Kastration: Ob sie sich erinnere, schreibt Abelaerd an seine einstige Geliebte, eines Tages habe er sie heimlich im Kloster, in dem sie damals noch als Gast und noch nicht als Nonne wohnte, besucht. ›Du erinnerst Dich noch, welch schändliche Dinge wir an diesem ehrwürdigen Ort trieben, der unter dem Schutz der heiligen Mutter Gottes steht. Auch wenn sonst nichts vorfiel, das allein rechtfertigte eine noch viel strengere Ahndung.‹ Die mittelalterliche Moral hatte ihn wieder in ihre Arme genommen. So landete Abelaerd bei seinem Versuch, sich rückwärts zu bewegen, bei den alten Riten und Tabus der katholischen Kirche.«

Abgesang – ein Wettbewerb

»Wir sind nun am Ende unserer Zeitreise angekommen«, sagt Dr. Frank. »Ich danke allen Teilnehmern. Eine Bitte noch: Tragt auf einer Liste von eins bis zehn für jede Geschichte ein, wie hoch ihr ihren historischen Realitätsgehalt einschätzt – also von eins: ›die Geschichte ist frei erfunden‹, bis zehn: ›alles hat sich so zugetragen wie berichtet‹. Zusatzfrage: Wie seht ihr den Unterhaltungs- und Lerneffekt der Geschichten?«

»Auch im Schnelldurchgang hat Geschichte mit ihren Geschichten ihren Reiz«, antwortet als erste Maggy. »Ich habe einiges dabei gelernt und werde historische Werke nicht mehr nur als hysterische Reaktionen von ehrgeizigen Männern ansehen – oder sagen wir besser, nicht nur.«

»Meine Geschichte über die Geschichte wird sich entlang der Fragestellung ziehen: Warum sind die Männer immer überall die Primaten und die Frauen demzufolge nur die Sekundaten?«, erklärt Petra, stolz auf den von ihr geprägten Begriff.

»Ich geh der Frage nach, ob Erziehung der Schlüssel zur Gewaltlosigkeit sein kann«, sagt Klaus.

»Und nun zu unserem Wettbewerb.« Dr. Frank versucht, den Ehrgeiz der Teilnehmer zu wecken.

»Wir haben die Lehrer von zwei Schülergruppen gleichen Alters und Notendurchschnitts gebeten, diesen Stoff ebenfalls durchzunehmen – in herkömmlicher Unterrichtsweise zwei Stunden pro Woche, Frontalunterricht, natürlich ohne Computer. Jeweils zwei Geschichts- und zwei Deutschlehrer werden die Werke der drei Gruppen benoten. Ich hoffe doch, dass unser Intensiv-Training gewirkt hat und sich in einem deutlich besseren Notendurchschnitt niederschlägt. Ihr erhaltet nun einen Fragebogen zum Testen eures frisch erworbenen Wissens. Danach schreibt ihr bitte einen Aufsatz über einen der beschriebenen Akteure eurer Wahl. Mal sehen, was dabei herauskommt«, meint Dr. Weber.

»Der Aufwand hat sich doch gelohnt«, sind sich Petra und Klaus einig. Nächstes Jahr wollen sie gern neue Ziele in der Vergangenheit anpeilen – mit oder ohne den aktuellen Verein.

»Aber eines würde mich doch interessieren«, sagt Petra, »die Frage, ob hoch entwickelte Computerprogramme wie das von Denihs in Zukunft manchen Lehrer, Pädagogen oder Forscher ersetzen werden. Vielleicht werden wir irgendwann ja Objekt einer fernen Zivilisation?«

»Wenn Denihs alle Anforderungen erfüllt, kann er dennoch noch lange keine Gruppe mit ihrer speziellen Gruppendynamik leiten. Aber er könnte bestimmte Forschungsaufträge selbstständig ausführen«, mischt sich Dr. Frank ein. »Und damit entsprechende Arbeitsplätze besetzen.«

»Ich würde gern mal hören«, sagt Petra, »was Denihs dazu sagt.«

Dr. Frank schaltet ihn ein. »Thema technischer Fortschritt, der Jobs vernichtet. Was meinst du dazu?«

»Wir haben bei unserer ganzen historischen Promi-Show vernachlässigt, wie es dem einfachen Mann beziehungsweise der Frau ergangen ist. Und die waren zu allen Zeiten froh über den technischen Fortschritt, der ihnen das Leben etwas leichter machte. So war der Pferdepflug ein großer Schritt gegenüber der Spitzhacke, und das Auto ein – sicher gefährlicher – Fortschritt gegenüber der Droschke. Im Übrigen wächst der Arbeitsmarkt mit. Irgendjemand muss ja die schönen Comboter bauen, die euch dann anschließend die Butter vom Brot nehmen.«

»Denihs, du könntest in der Politik Karriere machen«, meint Klaus mit einem Augenzwinkern. »Wir brauchen nur noch das aktive und passive Wahlrecht für Roboter.«

Impressum
Roland Bunzenthal
Helden Huren Heilige
Das Tagebuch des Adam und 13 weitere historische Legenden
Roman

1. Auflage • September 2015
ISBN Buch: 978-3-95683-276-5
ISBN E-Book PDF: 978-3-95683-277-2
ISBN E-Book epub: 978-3-95683-278-9

Korrektorat: Ulrike Rücker
ulrike.ruecker@klecks-verlag.de
Umschlaggestaltung: Ralf Böhm
info@boehm-design.de • www.boehm-design.de

Würzburger Straße 23 • D-63639 Flörsbachtal
info@klecks-verlag.de • www.klecks-verlag.de

Bibliografische Information der Deutschen Nationalbibliothek: Die Deutsche Nationalbibliothek verzeichnet diese Publikation in der Deutschen Nationalbibliografie; detaillierte bibliografische Daten sind im Internet über http://dnb.d-nb.de abrufbar.

Leseempfehlung ...

Robert Bauer

Am besten Mensch sein

Sachbuch/Ratgeber

Taschenbuch • 13 x 20 cm • 224 Seiten
ISBN Buch: 978-3-942884-81-5
ISBN E-Book PDF: 978-3-942884-82-2
ISBN E-Book epub: 978-3-95683-145-4

»Am besten Mensch sein«

Verspricht das, die besten Tipps zu bekommen fürs tägliche Verhalten? Wie man seine Intentionen lebenspraktisch am besten umsetzt?

Es funktioniert genau andersrum: Das Mensch-Sein steht im Mittelpunkt unseres eigenen Nachdenkens – wir erkennen das Wesentliche, versuchen es von Belastendem und von Vorurteilen zu befreien und selbstbestimmt den besten Weg zu gehen.

Tun wir das bewusst und selbstkritisch, so haben wir und unsere Mitmenschen am meisten Freude und Nutzen dabei, wir werden gelassener und sicherer, sind auf beste Weise Mensch.

Menschlichkeit – ein hehres Wort, das positives Handeln assoziiert. Wie verschieden die Auffassungen des Mensch-Seins allerdings sein können und welche Einflüsse dies mitbestimmen, zeigt uns der Autor sowohl aus geistesgeschichtlichen Positionen heraus als auch situativ aus Vergangenheit und Gegenwart.

Leseempfehlung ...

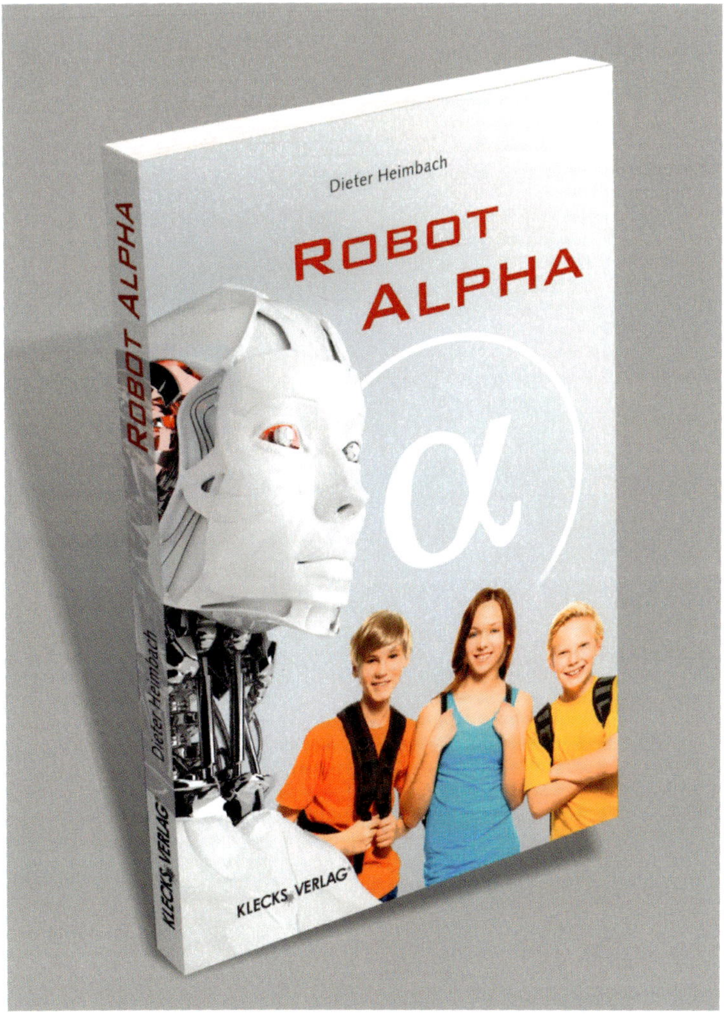

Dieter Heimbach

Robot Alpha

Fantasy-Roman

Taschenbuch • 13 x 20 cm • 94 Seiten
ISBN Buch: 978-3-944050-55-3
ISBN E-Book PDF: 978-3-944050-56-0
ISBN E-Book epub: 978-3-95683-121-8

Das Frankensteinmonster. Fußball spielende Roboter. Autos, die sich allein lenken. Die Zukunft auf dem Vormarsch. Für einige Jugendliche eines Heims, immer wieder Stoff für Diskussionen.

Und dann eine unglaubliche Geschichte.

Da sind drei, nämlich Sascha, Jane und Jonny, mit einem Roboter unterwegs und werden vor die Frage gestellt: Ist alles geil oder cool, was die Menschen im Laufe der Jahrhunderte erforscht und entwickelt haben?

Eine spannende Erfahrung, die sie mit ihrem Robot machen. Doch der tickt plötzlich anders, als sie es dachten …